TU MEMORIA

DR. ORIOL GRAU

TU MEMORIA

APRENDE CÓMO FUNCIONA Y CÓMO PRESERVARLA

RBA

Avda. Diagonal, 189 - 08018 Barcelona.
rbalibros.com

Primera edición: octubre de 2019.

REF.: RPRA564
ISBN: 978-84-9187-421-8
DEPÓSITO LEGAL: B.20.050-2019

Coordinadora de la colección: Laura González Bosquet.

DÂCTILOS • PREIMPRESIÓN

Impreso en España • *Printed in Spain*

CONTENIDO

PRÓLOGO

Uno de los motivos por los que me decidí a estudiar medicina fue mi profunda curiosidad por entender cómo funcionan las cosas. Y de todo lo que uno puede estudiar en el universo, lo que me llamaba más la atención era el cuerpo humano. Tras adentrarme en el fascinante viaje del conocimiento médico, mi interés quedó cautivado por el cerebro. Una vez sumergido en la anatomía y fisiología del cerebro, la memoria y, en general, la cognición, se convirtieron en mi pasión. Finalizada la carrera, lo tenía claro: la neurología, y en particular las enfermedades que afectan a la cognición y la conducta, serían mi siguiente camino.

La neurología clínica es una aproximación particular al funcionamiento del sistema nervioso. Los neurólogos, en gran parte, aprendemos cómo funciona el cerebro desde la observación de pacientes que sufren enfermedades que afectan a su normal desempeño. Es decir, aprendemos cómo funciona analizando qué ocurre cuando una de sus partes falla. De alguna forma, diagnosticar un trastorno neurológico se asemeja a resolver un rompecabezas a partir de los síntomas del paciente. Lo que falla en su razonamiento, su visión, sus movimientos, etc., nos indica la pieza que falta. No exagero al afirmar que las décadas de minuciosas observaciones clínicas en pacientes con enfermedades neurológicas constituyen en gran medida la base sobre la que se fundamenta nuestro conocimiento del cerebro humano.

Por eso mi experiencia en el campo de la memoria se asienta, en gran parte, en las enfermedades que la afectan, que han determinado mi devenir profesional. Centenares de visitas a personas con trastornos de memoria y de otras funciones cognitivas me han ofrecido una gran oportunidad para adentrarme en el conocimiento de esta misteriosa y todavía relativamente desconocida función de nuestro cerebro. No obstante, a menudo siento que cuanto más leo y aprendo sobre el cerebro y la memoria, más me queda por descubrir.

En general, cuando hablamos de memoria pensamos en los recuerdos sobre acontecimientos pasados: nuestra infancia, viejas amistades, algunas alegrías y otros tantos disgustos, etc. Sin embargo, la memoria humana es una función mucho más amplia que comprende procesos conscientes e inconscientes que implican amplias redes neuronales distribuidas por todo el cerebro. Un aspecto importante para comprender qué es la memoria es entenderla no como un mecanismo para reflejar de la forma más fidedigna posible las cosas que han ocurrido, sino como una herramienta modelada por millones de años de evolución para adaptarnos al medio. El objetivo de nuestra memoria no es que recordemos lo mejor posible, sino que afrontemos eficazmente cualquier reto que se nos pueda presentar. La neurociencia actual entiende la memoria desde esta perspectiva: más que describir el pasado, nos ayuda a anticipar el futuro.

En este libro te ofrezco una visión actualizada de lo que sabemos acerca de la memoria: qué es, cuántos tipos existen, cómo se forman los recuerdos, dónde se almacenan, qué relación existe entre la memoria y las emociones, o cómo cambia nuestra memoria a lo largo de la vida y como consecuencia de algunas enfermedades. También descubrirás cómo puedes cuidar la salud de tu cerebro para preservarla. Son temas que nos afectan a todos, porque sin memoria no seríamos lo que somos. No tendríamos ni pasado, ni presente, ni futuro. Para leer este libro no necesitarás saber biología o medicina. Si sientes interés y curiosidad por averiguar por qué recordamos y por qué olvidamos, podrás disfrutar de su lectura, tanto como yo he disfrutado escribiéndolo.

1

¿QUÉ ENTENDEMOS POR MEMORIA?

El famoso filósofo griego Heráclito de Éfeso dijo: «No podemos bañarnos dos veces en el mismo río», porque, aunque su apariencia sea siempre la misma, el movimiento constante del agua hace que cambie a cada instante. El cerebro humano se parece un poco al río de Heráclito. Aunque no lo parezca, incluso mientras lees estas líneas, tu cerebro está en constante proceso de transformación. Las experiencias que vivimos cambian nuestra forma de ver el mundo y nuestra manera de actuar en él, y estos cambios se deben a modificaciones en los circuitos de neuronas —las células del sistema nervioso— de nuestro cerebro. Interactuamos con nuestro entorno y el proceso por el cual esa relación modifica nuestro sistema nervioso es lo que conocemos como aprendizaje. Una vez hemos aprendido, la capacidad de poder recuperar esa información es lo que denominamos memoria. Sin estas capacidades, no podríamos comunicarnos, porque no podríamos aprender ningún idioma, no aprenderíamos habilidades motoras como caminar o ir en bicicleta y, por supuesto, no recordaríamos los momentos más importantes de nuestras vidas. Sin memoria no tendríamos identidad, quedaríamos atrapados en un presente constante, porque no podríamos apreciar las diferencias entre los sucesivos episodios con los que se escribe nuestra propia historia.

NUESTRO CEREBRO, EL MEJOR ORDENADOR

En 1996, el campeón mundial de ajedrez Garri Kaspárov se enfrentó a Deep Blue, una supercomputadora capaz de procesar hasta 100 millones de jugadas por segundo. La contienda fue reñida, pero se saldó con la victoria del legendario ajedrecista. La especie humana podía respirar aliviada, todavía no había sido destronada. No obstante, la alegría no duró mucho. Un año después, una versión mejorada de Deep Blue derrotó a un atónito Kaspárov. Tras este hito histórico, cabía imaginar que en poco tiempo las máquinas llegarían a pensar, hablar, comportarse e, incluso, a sentir como las personas. Sin embargo, la realidad dista mucho de ser así. A pesar de los impresionantes avances en el mundo de la inteligencia artificial, la diferencia entre los ordenadores y el cerebro humano sigue siendo abismal.

Es evidente que las computadoras nos ganan por goleada en cuanto a capacidad de almacenaje y velocidad de procesamiento. Deep Blue era capaz de procesar en un segundo muchísimas más jugadas que las que un jugador de ajedrez profesional puede realizar o imaginar a lo largo de su vida. No obstante, Kaspárov fue capaz de vencer a la famosa computadora en su primer encuentro. Este hecho demuestra que realizar un número estratosférico de cálculos a velocidad de vértigo no basta para superar al intelecto humano. Y este no es el único ejemplo. Hasta las computadoras más avanzadas, empleando sofisticados programas diseñados por los mejores ingenieros, encuentran enormes dificultades para ejecutar tareas que cualquier niño en edad preescolar es capaz de realizar sin esfuerzo. ¿Cuál es el secreto de nuestro éxito? El diseño de nuestros circuitos neuronales, formados por unos cien mil millones de neuronas conectadas entre sí.

¿Y qué es lo que hace que nuestro cerebro sea tan especial? Es cierto que existen ciertas similitudes entre nuestro cerebro y una computadora, pero hay algunas diferencias cruciales. En los ordenadores existe una unidad central por donde tiene que pasar necesariamente cualquier información. En cambio, el cerebro es un sistema mucho más descentralizado. Tiene multitud de regiones interconectadas en amplias redes de neuronas y unos pocos puntos donde se concentra un elevado número de interconexiones. Por otro lado, los ordenadores van recibiendo y procesando datos uno detrás de otro. En cambio, nuestro cerebro dispone de varias decenas de miles de millones de neuronas capaces de procesar a la vez la colosal cantidad de información que constantemente nos bombardea, procedente tanto del mundo exterior como de nuestro propio cuerpo. Este sistema de procesamiento paralelo masivo nos confiere una gran ventaja respecto a las computadoras.

APRENDEMOS DESDE NIÑOS. ¿CÓMO LO HACEMOS?

Existe otra gran diferencia entre nuestro cerebro y las computadoras convencionales: nuestra capacidad de aprender. La mayoría de programas informáticos se basan en una serie de instrucciones consecutivas que pueden conducir a diferentes resultados según las indicaciones que vaya dando el usuario. Por ejemplo, si queremos que un programa reconozca un gato como el que podemos observar en la figura 1A, tendremos que darle una serie de instrucciones: los gatos tienen cuatro patas, una larga cola, unas orejas con forma triangular, bigotes, colmillos, etc. Con una serie de instrucciones lo bastante precisas, conseguiremos que reconozca la imagen e incluso alguna otra similar. ¿Pero qué pasaría si le presentáramos al programa un gato desde otra perspectiva (figura 1B) o un dibujo que representa la silueta de un gato (figura 1C)? Seguramente no sería capaz de reconocer como un gato estas otras imágenes, porque no encajan con la definición que le hemos proporcionado. En cambio, sería posible que la imagen (figura 1D), que corresponde a un lince, sí la considerara erróneamente como un gato.

Figura 1

Para la mayoría de personas, identificar cuáles de estas imágenes corresponden a gatos (reales o figurados) no entraña ninguna dificultad. Esto es así porque cuando nos enfrentamos a una tarea de estas caracerísticas, no tenemos que aplicar una serie de instrucciones. No tenemos que pensar primero que se trata de un animal porque tiene cuatro patas, pero que no es un perro, etc. Automáticamente sabemos qué es un gato y qué no. Si sabemos reconocer imágenes de forma tan eficaz es porque lo hemos *aprendido*. Por ejemplo, nuestros padres, o en el colegio, nos enseñan a diferenciar animales mediante la repetición de sus características únicas. Así acabamos aprendiendo qué forma tienen los gatos, cómo se mueven, qué ruido hacen, qué comen, cómo dibujarlos y, tras muchas experiencias, somos capaces de identificar sin dificultad estos animales o representaciones esquemáticas de ellos.

Este tipo de aprendizaje es el denominado aprendizaje perceptivo, que consiste en la capacidad de reconocer lo que se nos presenta a través de la información que reciben los ojos, los oídos, la piel, la nariz y las papilas gustativas de la boca. Esa información es transmitida al cerebro desde los órganos de los sentidos y procesada por regiones cerebrales especializadas (figura 2).

Ahora imagina que estás de viaje y te paras en el camino para observar una magnífica puesta de sol. Te rodea un bosque de pinos y hueles su intenso aroma. La información que llega a tus ojos activará neuronas de una zona de tu corteza cerebral (figura 3), donde se empezará a procesar esta información para extraer su significado.

Figura 2

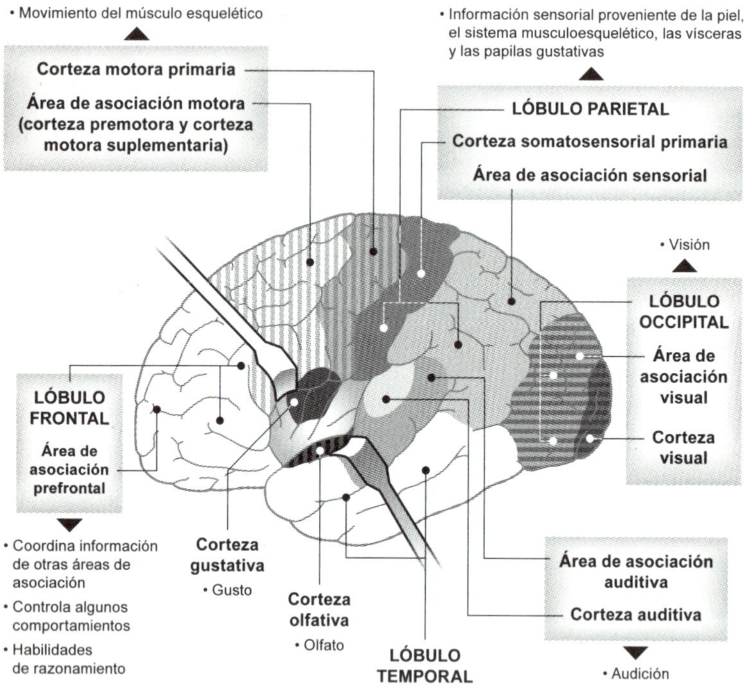

Fuente: https://www.tah-heetch.com/what-area-of-the-brain-gives-us-sense-of-smell-the-kecun3cbjdajavel.html.

La información olfativa también será procesada en la región correspondiente. Y todo ese conjunto de datos quedará integrado en tu cerebro. Si al cabo de un tiempo ves una fotografía de ese mismo paisaje, lo reconocerás. También es posible que percibas olor a pino en cualquier otro lugar y que ese aroma te lleve al recuerdo de la puesta de sol. ¿Por qué podemos reconocer y evocar ese paisaje y hasta su olor en cualquier circunstancia? Porque cuando disfrutábamos de él se crearon circuitos de neuronas en varias regiones del cerebro para procesar lo que veíamos y olíamos, y al volver a contemplar el paisaje en una foto, o al oler su fragancia, se activan esos mismos circuitos, permitiéndonos reconocerlo al instante. ¿Pero existen otros tipos de aprendizaje? En efecto. Si aprendemos a jugar al baloncesto, por ejemplo, también se producirán cambios a largo plazo en las regiones cerebrales implicadas en nuestros movimientos y en su coordinación. En este caso, hablamos de aprendizaje motor.

Figura 3. La corteza cerebral

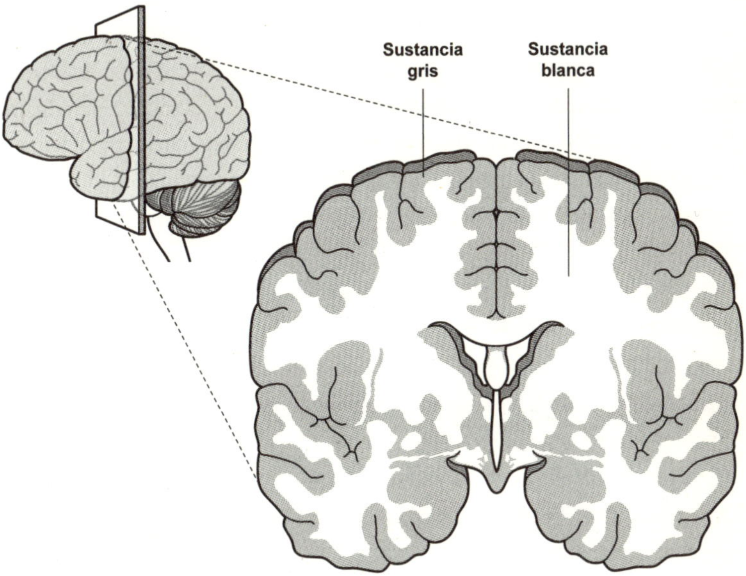

La corteza cerebral también se conoce como sustancia gris y es la región donde se encuentran los núcleos de las neuronas. En la sustancia blanca, situada justo debajo, es por donde circulan los axones, que también forman parte de las neuronas y que actúan como cables que las conectan entre sí.
Fuente: https://www.zonahospitalaria.com/envejecimiento-no-patologico-un-acercamiento-desde-la-neurociencia/.

APRENDEMOS PARA SOBREVIVIR

Existe una forma de aprendizaje que combina las dos anteriores. Se trata del aprendizaje por asociación entre estímulo y respuesta, y nos permite adaptar nuestro comportamiento a la aparición de un estímulo. Implica conexiones entre los circuitos responsables del movimiento y de lo que oímos, vemos, tocamos, etc. Dentro de esta categoría diferenciamos dos tipos de aprendizaje: el condicionamiento clásico y el condicionamiento instrumental. El primero se basa en una asociación entre dos estímulos. ¿Y es importante este tipo de aprendizaje? Mucho, porque aprendemos a predecir el futuro a partir de determinados estímulos sensoriales. Por ejemplo, todo el mundo sabe que las sirenas de alarma nos advierten de algún tipo de peligro. Imagina que nunca hubieses oído una y que mientras caminas por la calle empieza a sonar. Tal vez te extrañaría, pero seguramente ese ruido no provocaría en ti ninguna reacción en particular, puesto que no te resultaría familiar, y tampoco tendría por qué asustarte. Ahora supongamos que segundos después de sonar la sirena aparecen unos aviones en el cielo que empiezan a lanzar bombas. Rápidamente correrías a refugiarte para salvar la vida. Si esa situación volviera a repetirse (primero suena una sirena y al cabo de poco rato empiezan los bombardeos), sin lugar a dudas las siguientes veces que sonase la sirena no esperarías ni un segundo para empezar a correr y buscar refugio. Así, un estímulo inicialmente neutro (la sirena) se habría convertido en un estímulo condicionado capaz de desencadenar una respuesta condicionada (correr para buscar refugio), permitiéndote de esta manera anticiparte a un potencial peligro. ¿Y qué habría sucedido en tu cerebro? Pues que se habrían establecido conexiones entre los circuitos sensoriales que procesan el sonido de la sirena y los circuitos motores que te ponen en movimiento para buscar refugio.

El otro tipo de aprendizaje asociativo es el condicionamiento instrumental. En este caso, lo que se establece es una asociación entre una conducta y un estímulo posterior, que puede ser positivo (recompensa) o negativo (castigo). Así, si una conducta va seguida por una recompensa, tendemos a repetirla, mientras que si va seguida por un castigo, intentamos evitarla en el futuro. Este tipo de aprendizaje propicia comportamientos que son favorables para nuestra supervivencia y que aseguran nuestra reproducción, y anula los que nos perjudican.

También existen procesos de aprendizaje mucho más complejos que suponen establecer relaciones entre diferentes tipos de información sensorial (por ejemplo: aprender qué es una manzana implica integrar información visual, táctil, olfativa y gustativa), relaciones espaciales entre objetos o lugares (por ejemplo: aprender la ruta más corta para ir del trabajo a casa), o relaciones entre secuencias de acontecimientos (por ejemplo: establecer relaciones temporales y espaciales entre los recuerdos de nuestra vida nos permite clasificar mejor y dar continuidad a nuestras experiencias pasadas). Estos tipos de aprendizajes más complejos se encuadran dentro de lo que denominamos aprendizaje relacional.

¿DÓNDE SE ESCONDE LA MEMORIA?

Volviendo a la comparación con las computadoras, estas almacenan físicamente la información en lugares concretos de su disco duro. ¿Sabemos si ocurre lo mismo con la memoria en el cerebro? ¿Existe algo así como pequeños compartimentos para cada uno de nuestros recuerdos? Sin que hoy en día seamos capaces de responder completamente estas preguntas, el conocimiento acumulado durante décadas de investigación nos demuestra que es un poco más complicado. El sentido común nos indica que si somos capaces de aprender nueva información y después recuperarla, forzosamente debería existir algún tipo de registro de esta información en nuestro cerebro. Ya en 1921, el biólogo Richard Semon acuñó el término *engrama* para referirse a las huellas que deja en él la información que aprendemos y que después somos capaces de recuperar. Estos engramas, una vez formados, quedarían en un estado latente, pudiendo ser de nuevo activados en presencia de lo que los originó, de parte de ello o de algo parecido. Semon anticipó que esas huellas están distribuidas por todo nuestro cerebro.

Años más tarde, un psicólogo estadounidense llamado Karl Lashley quiso localizar los misteriosos engramas. Para lograrlo, entrenó ratas para que encontraran comida al final de un laberinto, de manera que tenían que aprender de memoria la ruta que les conducía a su recompensa. Posteriormente, Lashley provocó lesiones en diferentes zonas de sus cerebros y observó cómo afectaban a su capacidad para seguir esa ruta. Su conclusión, tras más de treinta años de investigación, fue que el tamaño de las lesiones era lo que provocaba los problemas de memoria. Así que cuanto más grande era la lesión, más afectada resultaba la memoria, sin importar dónde estaba. Estas observaciones llevaron a Lashley a concluir que no existían regiones en el cerebro especializadas en el aprendizaje y la memoria. ¿Cómo encajan estas conclusiones con lo que sabemos hoy? A diferencia de Lashley, ahora sabemos que sí existen regiones cerebrales que resultan básicas para el normal desarrollo de determinadas funciones del conocimiento, entre ellas la memoria. El psicólogo también fracasó en su intento de localizar los engramas porque su búsqueda se centró en la corteza cerebral, ignorando otras regiones que hoy sabemos que son cruciales para el aprendizaje y la memoria. Pero sus resultados y los conocimientos actuales coinciden en que nuestra capacidad para aprender y recordar depende de redes de neuronas ampliamente distribuidas por todo el cerebro.

Uno de los discípulos de Lashley, Donald Hebb, elaboró uno de los trabajos más influyentes en la neurociencia de las siguientes décadas. Según Hebb, las experiencias que vivimos activan circuitos específicos de neuronas interconectadas y distribuidas por el cerebro, de manera que la representación de dicha experiencia en nuestro cerebro se mantiene viva mientras existe actividad eléctrica en el circuito. Y esa comunicación continuada y simultánea entre las neuronas provoca que las conexiones entre ellas sean cada vez más fuertes. A pesar de la importancia de la contribución de Hebb, su teoría seguía sin aclarar si existen regiones cerebrales específicas que alberguen la memoria, hasta que una década después apareció el paciente H. M.

EL CURIOSO CASO DEL PACIENTE H. M.

En 1957, la neuropsicóloga Brenda Milner y el neurocirujano William Scoville describieron el curioso caso de H. M., una persona con un grave trastorno de memoria cuyo estudio nos ayudó a comprender dónde se ubican los recuerdos. H. M. fue atropellado por una bicicleta a los nueve años, y a los diez empezó a tener crisis epilépticas que con el tiempo se agravaron. Ya de adulto, H. M. se puso en manos de Scoville, quien le aplicó una terapia experimental: le extirpó el área del cerebro donde se ubica una estructura llamada hipocampo (figura 4).

Figura 4

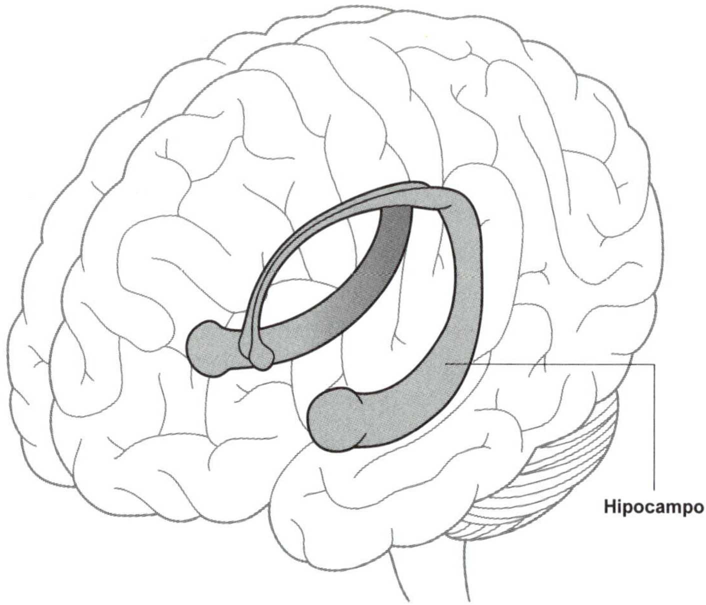

Fuente: https://maestroviejo.es/conoce-la-maravillosa-anatomia-del-hipocampo/.

La operación lo ayudó a controlar las crisis epilépticas, pero empezó a sufrir graves problemas de memoria. Había perdido la capacidad de aprender nueva información y tampoco recordaba hechos ocurridos algunos años antes de la operación. Sin embargo, conservaba intactos los recuerdos más antiguos. Por otro lado, su capacidad de percepción, comunicación y razonamiento, y su memoria verbal inmediata (la capacidad de repetir información justo después de recibirla) permanecían intactas. El caso de H. M. fue estudiado por la neuropsicóloga Brenda Milner durante cincuenta años y constató que era incapaz de aprender nueva información. Por ejemplo, cada vez que entraba en su consulta era como si fuese la primera vez que la veía y podía leer el mismo número de una revista innumerables veces, puesto que cada vez le parecía nuevo. H. M. era consciente de su problema. Para él empezaba todo de nuevo cada día, sin que le fuese posible saber qué había ocurrido el día anterior o, incluso, pocos instantes antes. Según sus propias palabras, era como «despertar de un sueño constantemente». Con el tiempo, Milner y Scoville llegaron a la conclusión de que la extirpación del hipocampo era la responsable de los problemas de su paciente, de lo cual podía deducirse que tiene un papel relevante en el aprendizaje de nueva información.

No obstante, también comprobaron que no todas sus formas de memoria se habían alterado. Como hemos comentado, H. M. era capaz de retener información verbal durante un breve lapso de tiempo siempre que la repitiese mentalmente, pero si lo distraían, la información se esfumaba. Su memoria a corto plazo parecía estar intacta, pero no conseguía retener la información a largo plazo. Esto parecía indicar que las memorias a corto y a largo plazo dependían de diferentes áreas cerebrales.

Además, Milner y Scoville sometieron a H. M. a un sencillo experimento. Le sentaron delante de un folio con una estrella dibujada y colocaron en vertical un espejo enfocando hacia él y en el que se veía reflejada la estrella. Sin dejarle mirar dicha estrella del folio sino a su reflejo, le dieron un lápiz para que trazase su contorno en el propio folio.

Esta tarea, si no se ha realizado nunca antes, requiere un cierto grado de destreza que se consigue a base de repetirla. H. M. logró la habilidad suficiente para realizar el dibujo correctamente tras diez intentos y varios días después lo podía seguir haciendo. Esta forma de aprendizaje también estaba en perfecto estado, aunque su sorpresa fue mayúscula cuando vio que H. M. podía aprender a dibujar la estrella, pero no podía recordar cuándo lo había aprendido. Lo que le ocurría solo se explicaba si este tipo de aprendizaje dependía de áreas diferentes a la del hipocampo, ya que se lo habían extirpado.

Figura 5

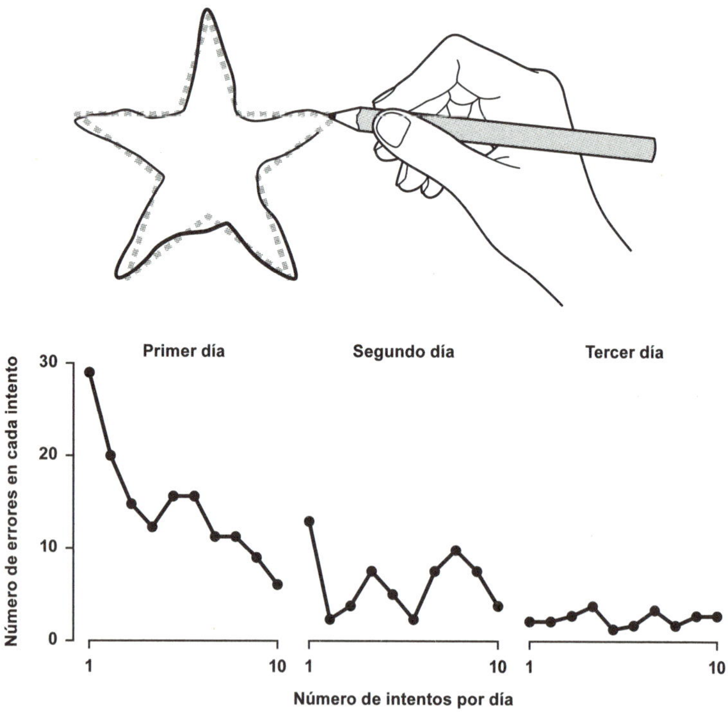

Fuente: Kandel (2013, pág. 1446).

Estos hallazgos pusieron de manifiesto que existen diferentes sistemas de memoria y que están situados en diversas zonas del cerebro: la memoria declarativa y la memoria procedimental. La primera es lo que normalmente conocemos como memoria y está constituida por diferentes tipos de información (datos autobiográficos o conocimientos generales, como, por ejemplo, que París es la capital de Francia) a los que accedemos de forma consciente. La segunda se refiere a conocimientos basados en habilidades que adquirimos a través de un entrenamiento y que después activamos de forma automática y mayoritariamente no consciente (por ejemplo, conducir un coche o dibujar la estrella). Mientras que la memoria declarativa depende de una red de neuronas de la cual forma parte el hipocampo, la memoria procedimental depende de una red diferente que implica a otras regiones cerebrales, los ganglios basales. Por eso H. M. no recordaba haber aprendido a dibujar la estrella, pero lo podía hacer de forma automática. Así, pues, a principios de la segunda mitad del siglo XX empezaba a cristalizar la idea de que, aunque la memoria dependiese de una red ampliamente distribuida a lo largo del cerebro, existían regiones con más peso que otras en su funcionamiento.

2

¿CUÁNTAS MEMORIAS TENEMOS?

El estudio del caso de H. M. fue esencial para saber que existen distintos tipos de memoria y que cada uno de ellos depende de estructuras diferentes del cerebro. H. M. también nos ayudó a saber que el aprendizaje y la memoria dejan huella en nuestro sistema nervioso, que esta huella depende de múltiples regiones cerebrales y que no todas las zonas implicadas en la memoria tienen el mismo peso, ya que existen algunas especialmente importantes. ¿Pero cuántas clases de memoria tenemos? (figura 6).

Figura 6

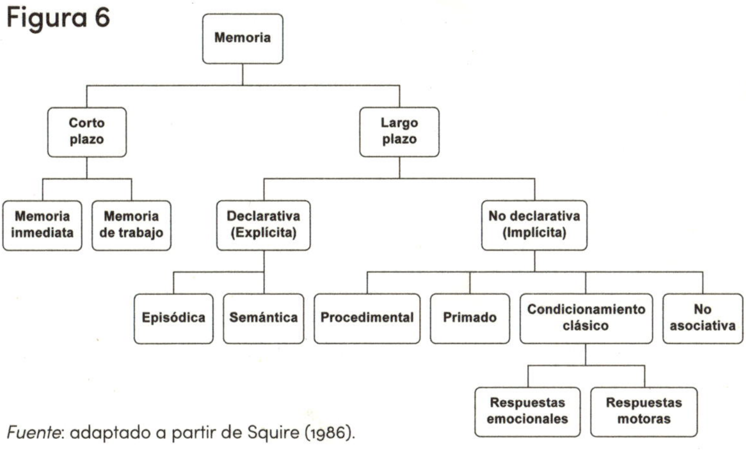

Fuente: adaptado a partir de Squire (1986).

LA MEMORIA A CORTO PLAZO

En algún momento, todos necesitamos almacenar información para usarla inmediatamente y durante poco tiempo. Cuando queremos recordar un número de teléfono y no podemos anotarlo, por ejemplo, lo que hacemos es repetirlo mentalmente una y otra vez hasta que logramos escribirlo en algún sitio. ¿Y cómo actúa nuestro cerebro en ese momento? Mientras no podemos anotar el número, mantiene activos los circuitos de neuronas que procesan la información (el número de teléfono). Esta capacidad de manipular mentalmente la información registrada para llevar a cabo un objetivo determinado (anotar el teléfono en un papel) se conoce como memoria de trabajo y es uno de los principales tipos de memoria a corto plazo.

Supongamos ahora que estás viendo una película y aparece una persona con una chaqueta roja que en la escena siguiente ya no vuelve a aparecer. Si a los pocos segundos de verla te preguntan: «¿De qué color es la chaqueta de la persona que apareció en la escena anterior?», probablemente responderás con acierto, aunque no hayas hecho ningún esfuerzo para retener dicha información. Este proceso es lo que conocemos como memoria inmediata, el otro tipo de memoria a corto plazo. La diferencia entre ambas es que mientras que la memoria de trabajo requiere una manipulación activa de la información, como repetir un número de teléfono, la memoria inmediata es un proceso pasivo.

¿Y cómo recordamos a corto plazo? Mientras estamos conscientes, siempre mantenemos activa durante unos segundos la información que procesan sin parar nuestros ojos, oídos, etc. y los sistemas responsables de que nos movamos. Si no ocurriera así, cada vez que cambiásemos la dirección de la mirada nos parecería estar en un lugar totalmente nuevo, porque no podríamos relacionar lo que vemos con lo que veíamos una fracción de segundo antes. Toda la información que nuestro cerebro retiene a corto plazo transitoriamente para lograr algún objetivo (memoria de trabajo) se mantiene activa gracias, en gran medida, a la corteza prefrontal, cuya principal función es planificar y coordinar acciones dirigidas a objetivos. También es esencial para centrar nuestra atención, algo muy importante, porque sin concentrarnos no podemos codificar bien la información que recibimos y, por lo tanto, no es posible que se registren y se consoliden los recuerdos.

Por otra parte, la corteza prefrontal también es fundamental a la hora de recuperar información que ya tenemos almacenada. Si te preguntan por el nombre de un director de cine y no te sale al instante, quizás intentes recordar la letra por la que empieza el nombre, qué cara tiene, qué otras películas ha dirigido... Así hasta que su nombre aparece en tu mente. Este tipo de recursos que utilizamos para recordar dependen en gran medida de nuestra corteza prefrontal. Por este motivo, las personas con lesiones en esta región del cerebro no solo tienen más dificultad para aprender nueva información debido a su dificultad para centrar la atención, sino que también les cuesta crear estrategias para acceder a la información que ya tienen en la memoria.

LA MEMORIA A LARGO PLAZO

Muchos de nosotros aprendemos a ir en bicicleta de niños y algunos continuamos usándola a lo largo de nuestras vidas. Otros, sin embargo, la dejamos hasta que años más tarde decidimos pedalear de nuevo. No obstante, nadie que haya aprendido a ir en bici tiene que volver a aprender. Y no importa que hayan pasado décadas desde la última vez que nos subimos a una.

Además, seguramente tenemos innumerables recuerdos asociados a ella: la fiesta de cumpleaños en la que nos la regalaron, una excursión o tal vez un brazo roto por una caída. Ir en bicicleta y recordar experiencias asociadas a ella son ejemplos que ilustran dos tipos diferentes de memoria a largo plazo. Nos acordamos de pedalear y mantener el equilibrio en la bici gracias a nuestra memoria procedimental, que es un tipo de memoria implícita (o no declarativa). Son memorias que se activan de forma automática sin que seamos conscientes de ello. En cambio, los recuerdos de momentos de nuestras vidas asociados a la bicicleta forman parte de nuestra memoria episódica, que a su vez es un tipo de memoria explícita (o declarativa). Son memorias que activamos de forma consciente para recuperar información sobre episodios de nuestras vidas o conocimientos generales. Sin embargo, las dos tienen en común que permiten mantener habilidades o información que aprendimos o registramos en el pasado y que a menudo permanecen en nuestro cerebro durante toda la vida.

LA MEMORIA EXPLÍCITA (O DECLARATIVA)

Cuando hablamos de tener o no memoria nos estamos refiriendo a nuestra memoria explícita. Este tipo de memoria nos permite recuperar información sobre acontecimientos que pueden ser recordados de forma consciente y se divide en dos categorías: la memoria episódica, relativa a experiencias personales, y la memoria semántica, sobre conocimientos generales que vamos acumulando a lo largo de la vida. Cuando recuerdas algo de tus últimas vacaciones o los detalles de una conversación mantenida el día anterior, utilizas tu memoria episódica, ya que estás recuperando de forma consciente datos sobre vivencias que te han ocurrido en lugares y momentos concretos. Por otro lado, si te estás entreteniendo con un juego de mesa que ponga a prueba tus conocimientos generales, deberás usar tu memoria semántica para recuperar información sobre historia, geografía, cultura, etc. Así, pues, la memoria episódica es como un diario o un álbum de fotos donde guardamos diferentes fragmentos de episodios de nuestras vidas, mientras que la memoria semántica es como nuestra enciclopedia personal, el lugar donde almacenamos todo lo que sabemos del mundo que nos rodea, incluyendo palabras, objetos, animales, personas o conceptos abstractos.

¿Dónde se almacenan los recuerdos de toda una vida? En la actualidad todavía hay muchas incógnitas, pero parece claro que el almacenamiento a largo plazo de nuestros recuerdos autobiográficos (memoria episódica) y de nuestros conocimientos generales (memoria semántica) depende de redes de neuronas ampliamente distribuidas por nuestra corteza cerebral que mantienen una relación común con el hipocampo. Los recuerdos de la memoria explícita no quedan fijados inmediatamente después de vivir una determinada experiencia. Van consolidándose a lo largo del tiempo y por eso pueden ir cambiando. Se cree que este proceso de fijar los recuerdos puede durar varios años y al final sí quedan almacenados de forma estable. Al principio de ese proceso, cuando queremos recordar, recuperamos la información del hipocampo, pero a la larga, y progresivamente, los recuerdos «viajan» a las áreas de la corteza cerebral donde se procesó por primera vez la experiencia que dio lugar a nuestro recuerdo. En mis años de experiencia, y tras innumerables charlas con las familias de personas que padecen la enfermedad de Alzheimer, he observado que tienen algo en común: no entienden que los pacientes, en fases iniciales de la enfermedad, tengan grandes dificultades para recordar cosas que han sucedido pocas horas o minutos antes, mientras que son capaces de rememorar episodios de su infancia. Muchas personas se sorprenden ante esta situación y pueden llegar a pensar que sus familiares exageran sus problemas. «¿Cómo no se acuerda de algo que ha sucedido el día anterior si es capaz de evocar un recuerdo de cuando tenía ocho años?», se preguntan una y otra vez. Su argumento se basa en la creencia errónea de que los recuerdos antiguos son más débiles que los recientes. Y es justamente al revés. En realidad, la pérdida de memoria de los pacientes con alzhéimer cuadra perfectamente con el modelo de almacenamiento que hemos explicado antes: una de las primeras regiones cerebrales que se daña debido al alzhéimer es el hipocampo, mientras que las regiones de la corteza cerebral donde al final se almacenan los recuerdos más antiguos permanecen bastante salvaguardadas hasta fases más avanzadas de la enfermedad, cuando los pacientes ya empiezan a olvidar su propia biografía, así como a sus familiares y amigos, de forma que poco a poco se va desintegrando su identidad.

¿Y cómo creamos nuestra propia enciclopedia? Para saber cómo funciona la memoria semántica nos ha ayudado mucho otra enfermedad: la demencia semántica. Los pacientes que la sufren tienen dificultades para nombrar objetos, animales, personas o conceptos, y eso no se debe a problemas de percepción o a que olviden el nombre de las cosas, sino a que olvidan por completo su significado. Por ejemplo, si le damos una manzana a un paciente con demencia semántica, tal vez pueda describirnos su forma y su color, podría probarla y apreciar su sabor dulce, pero no sería capaz de reconocer qué es lo que tiene en las manos. ¿Qué le sucede? Nuestro conocimiento sobre las manzanas implica diferentes características y a diversas zonas del cerebro. Su forma, su color, su tacto, su gusto, etc. se analizan en diferentes regiones de la corteza cerebral. Podemos pronunciar su nombre gracias a otras. Y al cortarla, se activan programas situados en regiones que controlan los movimientos. ¿Pero el concepto de manzana depende solo de que se activen a la vez estas distintas áreas del cerebro? No. Para que nuestro cerebro sepa cuándo se reúne el conjunto mínimo de características para poder reconocerla, hace falta algo que centralice el procesamiento de todas sus características. Las personas con demencia semántica tienen afectado el polo temporal anterior, que es ese «algo»: el centro de recepción de los diferentes atributos que configuran nuestro conocimiento sobre objetos, personas, hechos y, en resumen, sobre todo aquello que nos rodea. A esta singular región cerebral va a parar toda la información procedente de diferentes áreas, permitiéndonos encajar las piezas necesarias para formar conceptos (figura 7). Si se deteriora, nuestra enciclopedia personal se desvanece.

Figura 7

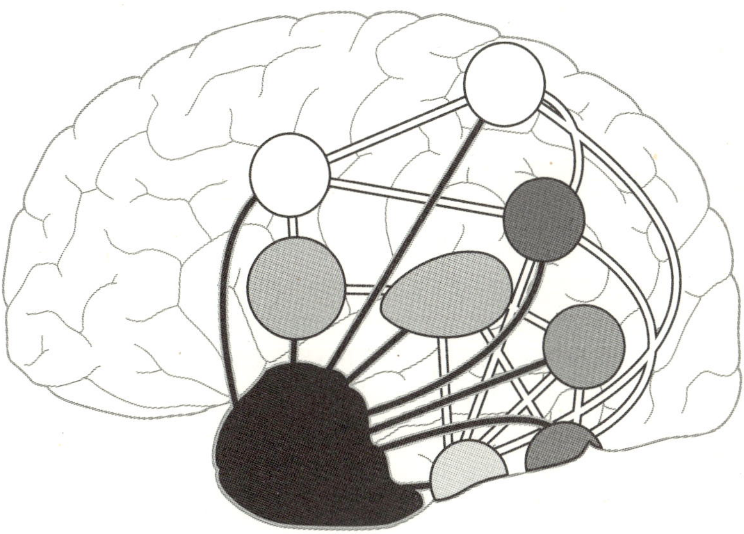

Fuente: Patterson, Nestor y Rogers (2007): https://www.semanticscholar.org/paper/Where-do-you-know-what-you-know-The-representation-Patterson-Nestor/a6770205004166b4f-16dc6625f8dea6cb901b1b0/figure/0.

LA MEMORIA IMPLÍCITA (NO DECLARATIVA)

Las personas solemos repetir las mismas conductas a diario y la mayoría de estos actos rutinarios los llevamos a cabo casi sin darnos cuenta, porque nuestro cerebro ha aprendido a realizarlos de forma automática. Gracias a ello, nuestra atención puede centrarse en resolver imprevistos o planificar acciones futuras sin tener que ocuparnos de las rutinas. Este tipo de acciones rutinarias que realizamos de forma casi inconsciente son lo que denominamos hábitos. Estos son una suerte de fuerza invisible que gobierna la mayoría de nuestros actos cotidianos, liberándonos de la necesidad de pensar constantemente qué tenemos que hacer. Los hábitos se aprenden y, por consiguiente, son un tipo de memoria. Concretamente, forman parte de la denominada memoria procedimental, uno de los principales tipos de memoria implícita, que no requiere un acceso consciente a la información y que también engloba las habilidades del movimiento y de la percepción. Este tipo de memoria se diferencia de la memoria explícita en que accedemos a ella de forma automática. Si tenemos que enseñar a alguien a montar en bicicleta, difícilmente lo lograremos si solo se lo explicamos. Es mucho más sencillo que aprenda, en primer lugar, mirando cómo lo hacen otras personas y, luego, probándolo ella misma, de manera que pueda mejorar su técnica a base de probar y corregir errores. La memoria procedimental se basa, pues, en la repetición de actos, aplicando las correcciones necesarias, hasta alcanzar un dominio suficiente de la habilidad que se quiere aprender. Actualmente, sabemos que el aprendizaje de habilidades motoras y otras formas de memoria procedimental dependen en gran medida de los ganglios basales, situados en la parte profunda del cerebro y que forman parte de una red más extensa, que también implica a otro núcleo de la zona profunda del cerebro llamado tálamo y a áreas de la corteza cerebral (figura 8).

Figura 8. Imagen orientativa del circuito entre ganglios basales, tálamo y corteza cerebral

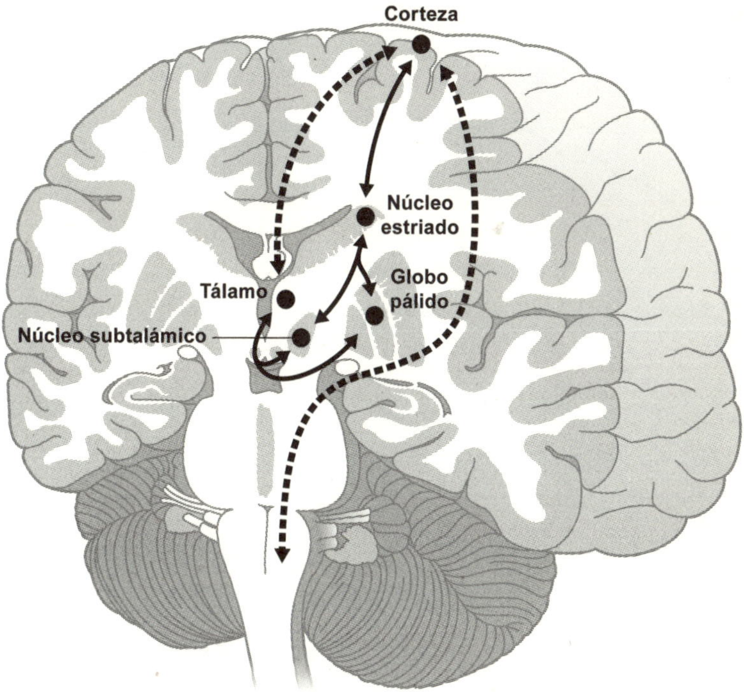

Fuente: https://tremorjournal.org/index.php/tremor/article/view/175.

En los circuitos que se establecen entre estas regiones, se guarda la memoria procedimental. Tal y como hemos comentado, los hábitos y habilidades se aprenden a base de repetir acciones. Al final de cada repetición, nuestro cerebro evalúa el resultado y determina hasta qué punto nos hemos acercado a nuestro objetivo. El papel de los ganglios basales es recordar las acciones que nos han acercado más al éxito.

Otra estructura que también participa en el proceso de aprendizaje de habilidades motoras es el cerebelo (figura 9), que funciona como una especie de detector de errores que permite que corrijamos nuestros movimientos en tiempo real cada vez que se desvían del plan para lograr un objetivo.

Figura 9

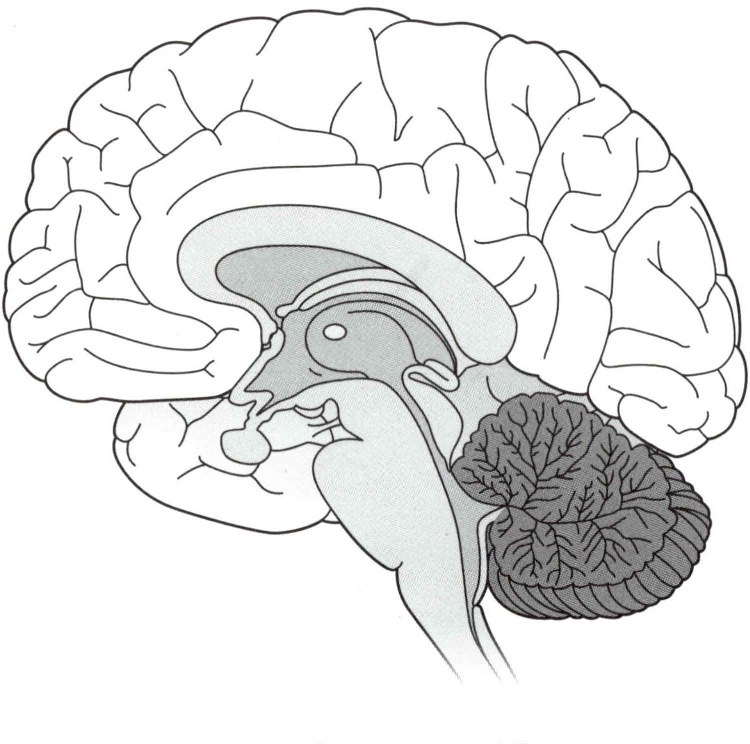

Fuente: https://www.kenhub.com/en/library/anatomy/cerebellum-gross-anatomy.

Otros tipos de memoria implícita

Existe un tipo de memoria, la memoria primado, que hace que, si nos exponemos a un estímulo, nuestra respuesta a otro posterior se vea condicionada de forma inconsciente. El experimento realizado por el psicólogo social John Bargh nos permitirá entenderla mejor. Bargh expuso a un grupo de personas a diferentes listados de palabras. Encontró que los voluntarios expuestos a conceptos asociados a la vejez (como jubilado, bingo, rígido, conservador o antiguo, entre otros) caminaban de forma más lenta tras finalizar el experimento en comparación con los participantes de otro grupo, que habían sido expuestos a otras palabras. La conclusión de este estudio, algo controvertido, fue que la exposición a palabras asociadas a la vejez había condicionado de forma inconsciente la manera de caminar de los participantes. Aunque las zonas del cerebro que albergan el primado no son bien conocidas del todo, existen evidencias de que este tipo de memoria reside en regiones de nuestra corteza cerebral y que es independiente del hipocampo y de los ganglios basales.

Otro tipo de memoria implícita, el condicionamiento clásico, nos permite asociar un estímulo neutro con otro que es capaz de evocar automáticamente una respuesta. Es lo que hemos visto anteriormente con el ejemplo de la sirena y el bombardeo. En esta memoria, el cerebelo estaría implicado en respuestas de movimiento, pero existe un tipo particular de condicionamiento clásico que asocia los estímulos con respuestas emocionales. Una de ellas, el miedo, se ha vinculado a una estructura del cerebro llamada amígdala (figura 10).

Figura 10

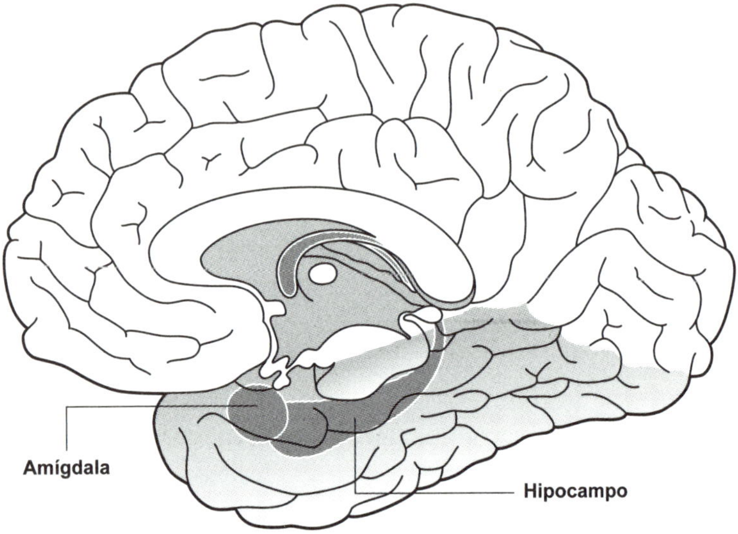

Fuente: https://accessmedicina.mhmedical.com/content.aspx?bookid=1486&sectionid=102078084.

La amígdala es básica para procesar nuestras emociones. El miedo a algunos animales potencialmente peligrosos, como las serpientes, es una respuesta que hemos conservado a lo largo de la evolución. También hemos desarrollado un sistema para aprender a temer determinados estímulos que, aunque por sí mismos no resultan peligrosos, suelen anunciar algún peligro según nos ha enseñado nuestra experiencia. Esta capacidad de aprendizaje nos permite anticipar futuros peligros y adoptar las medidas necesarias para evitarlos. Tanto la capacidad para detectar señales inequívocas de peligro (que no necesitan ser aprendidas) como la capacidad de aprender a temer nuevos peligros dependen de la amígdala. Recibe información y activa una respuesta emocional si detecta un peligro. Cuando experimentamos miedo, nuestro ritmo cardíaco se acelera, nuestra respiración se vuelve más agitada y nuestros músculos se tensan. Lo que está haciendo nuestro organismo de forma automática es prepararnos para hacer frente a una amenaza.

Por último, la habituación y la sensibilización, que también se consideran un tipo de memoria implícita, son las formas más sencillas de aprendizaje y básicamente consisten en la creación de actos reflejos basándonos en nuestra experiencia. La habituación se produce cuando un estímulo inofensivo se presenta de manera repetida y nuestro cerebro aprende a ignorarlo, de manera que dejamos de prestarle atención. Por ejemplo, el ruido de un tren que pasa cerca de nuestro hogar y que con el tiempo ya ni percibimos. La sensibilización hace que nuestra respuesta a estímulos inofensivos sea mayor que la habitual si momentos antes hemos recibido alguno nocivo. Si nos acabamos de quemar las manos al coger una bandeja del horno y pasa el tren, reaccionamos como si el ruido fuera una señal de peligro. Este tipo de memoria implícita no requiere la participación de estructuras cerebrales. Actúa sobre vías neuronales más simples.

A lo largo de este capítulo he presentado los distintos tipos de memoria de forma separada. Es la forma de poder describir de manera más comprensible sus características y rasgos diferenciales. No obstante, no hay que pensar en los sistemas de memoria a corto y a largo plazo, o en la memoria implícita y explícita, como compartimentos cerrados sin comunicación entre ellos. La realidad es que estos tipos de memorias se solapan y comunican entre ellos. Es su suma y su interacción lo que en última instancia constituye la base de lo que somos cada uno de nosotros.

3

APRENDER Y RECORDAR CAMBIA NUESTRO CEREBRO

L., que ahora tiene diecinueve años, nació con problemas delicados: parálisis cerebral y un tipo de epilepsia grave y poco frecuente en recién nacidos. Ya desde que era una bebé, el hemisferio izquierdo de su cerebro no dejaba de producir descargas eléctricas sin control. Le dieron poco tiempo de vida, pero L. aprendió a gatear y a andar, y con dos años y medio ya hablaba. Sin embargo, las crisis epilépticas fueron en aumento y no había medicamento que lo remediara. Con catorce años, sus padres y los médicos que la trataban decidieron operarla para desconectar esa mitad del cerebro que hacía de su vida una tortura. Era una intervención complicada y agresiva que podía provocarle la pérdida del movimiento y dejarla sin habla. Tras recuperarse en el hospital, L. volvió a casa. No había perdido ni el habla ni la movilidad de su lado derecho, acciones que realizamos gracias a la actividad del hemisferio izquierdo, precisamente el que le habían desconectado. De hecho, L. estaba mejor que nunca. ¿Un milagro? Habrá quien piense que sí. De hecho, no deja de ser asombroso que nuestro cerebro sea capaz de hacer cosas como las que hizo el cerebro de L. Desde que nació había transferido las funciones de su hemisferio enfermo al sano, una capacidad del cerebro que se da, sobre todo, en personas que sufren lesiones en edades muy tempranas. Una de las propiedades más fascinantes de nuestro cerebro es su capacidad de adaptación. Llega a modificar su forma y sus funciones en respuesta a los estímulos que recibe. El de L. lo hizo y ahora es una joven que, a pesar de sus dificultades, tiene una vida relativamente autónoma. Gracias a su maleabilidad, se afirma que el cerebro es un órgano *plástico*. Seguro que has oído hablar de la plasticidad cerebral o neuroplasticidad. Son las palabras que se emplean cuando nos referimos a la capacidad del cerebro para cambiar y responden a un concepto muy amplio. La neuroplasticidad nos permite registrar nuestros recuerdos. Por lo tanto, es un elemento fundamental del aprendizaje. Pero además, este término también se usa cuando nos referimos a la capacidad del cerebro para recuperarse de una lesión. De este modo, la neuroplasticidad se refiere tanto a los cambios que afectan a nuestro cerebro y se originan en condiciones normales (los asociados al aprendizaje), como si son una respuesta a diferentes tipos de daño cerebral, como ocurrió con L. Vamos a descubrir cómo cambia nuestro cerebro cuando aprendemos y recordamos.

NUESTRAS NEURONAS HABLAN ENTRE ELLAS

A simple vista y en un corto plazo, es imposible apreciar cambios en el cerebro, pero sabemos que las neuronas y otros componentes del sistema nervioso modifican constantemente su tamaño, su forma y su función a partir de cambios en su entorno. Hoy en día disponemos de la tecnología que nos permite demostrar que eso es así, pero antes de que fuésemos capaces de registrar la actividad de las neuronas o de que aparecieran herramientas diagnósticas como el famoso TAC o la resonancia magnética, que revolucionaron la investigación del cerebro, la neuroplasticidad fue objeto de polémica durante décadas. Santiago Ramón y Cajal descubrió que las neuronas son las células del sistema nervioso y que son individuales, pero se comunican entre sí. Galardonado con el premio Nobel de Fisiología y Medicina en 1906, desafió a sus colegas, porque a principios del siglo XX se creía que el cerebro adulto ya no se modificaba. El genio navarro contradijo tal idea al proponer que los circuitos de neuronas eran estructuras dinámicas y que nuestras experiencias las modificaban a lo largo de toda la vida. Había nacido la neuroplasticidad. Sin embargo, esta teoría presentaba un problema. Ramón y Cajal trabajaba con muestras de tejido cerebral que le dejaban ver su estructura, pero que no le permitían estudiar su función. ¿Cómo podía entonces afirmarse que el cerebro cambiaba a partir de las experiencias vividas? Tuvieron que pasar décadas hasta que los avances tecnológicos permitieron demostrar que Ramón y Cajal tenía razón.

¿Qué es lo que hacen las neuronas para aprender y recuperar posteriormente esta información? A partir de la segunda mitad del siglo XX, varios experimentos fueron capaces de demostrar cómo cambian la forma y el funcionamiento de las neuronas en respuesta a lesiones o a situaciones de estrés. Uno de ellos permitió ver, a principios de los años setenta, que las sinapsis experimentaban cambios duraderos en respuesta a determinados estímulos. ¿Y qué son las sinapsis? Sencillamente, el lugar donde las neuronas se conectan entre sí. Por lo tanto, se encargan de que la información se transmita entre diferentes neuronas y entre distintas partes de nuestro cerebro. La sinapsis está formada por la unión de dos neuronas entre las que queda un espacio muy estrecho relleno de líquido. ¿Y cómo se comunican? Una neurona (presináptica) libera una señal (neurotransmisor) que se une al receptor de otra (postsináptica).

Imagínate a ti mismo como una neurona y que tus llaves son los neurotransmisores. Imagina, también, que tu casa es otra neurona y que la cerradura de la puerta son los receptores. Cuando la llave se mete en la cerradura, tú entras en casa. Se acaba de producir la conexión entre neuronas (figura 11). Y esa conexión puede ser más débil o más fuerte. Cuanto más fuerte, más fácil es la comunicación entre dos neuronas.

Figura 11

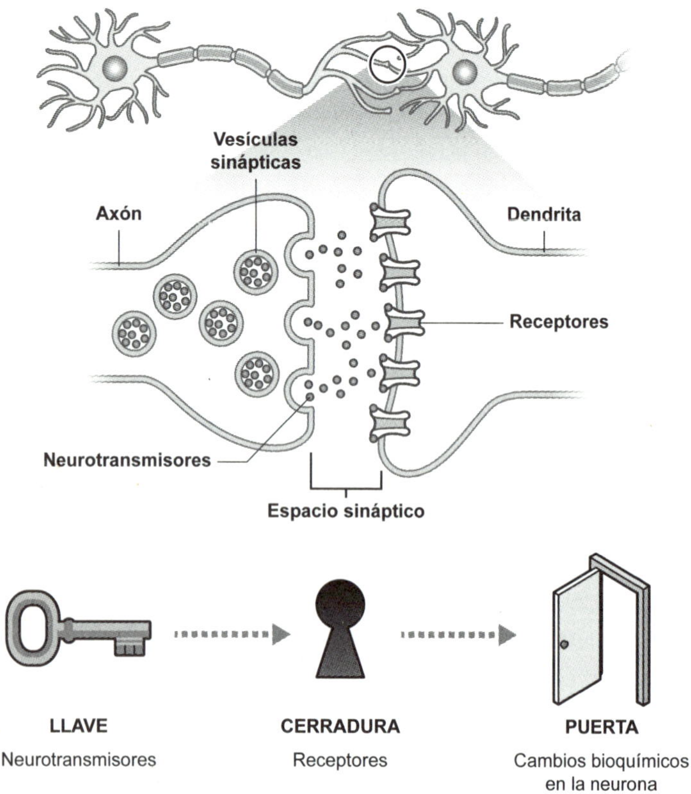

Fuente: https://slideplayer.es/slide/1417740/ (abajo); https://www.khanacademy.org/science/biology/human-biology/neuron-nervous-system/a/the-synapse (arriba).

MILES DE MILLONES DE NEURONAS TRABAJANDO SIN PARAR

La potenciación a largo plazo es el principal mecanismo que usan las neuronas para guardar la información. Cuando vives una experiencia, si es suficientemente intensa se produce una serie de descargas eléctricas repetidas en las neuronas de tu hipocampo que provocan cambios a largo plazo en sus conexiones con las siguientes neuronas del circuito. Estos cambios no se limitan solo al hipocampo, sino que se propagan a todas las zonas del cerebro que han procesado la información de esa experiencia. De este modo, las conexiones entre neuronas se fortalecen, dejando una huella física del recuerdo, o lo que es lo mismo, el enigmático «engrama» de Semon que vimos en el primer capítulo. Los avances técnicos han permitido observar que la potenciación a largo plazo no solo provoca cambios en la función de una neurona para que se comunique mejor con la siguiente, sino que también hace que cambie físicamente, porque las sinapsis que más se estimulan también crecen. ¿Y cómo se producen los cambios? Los mecanismos que los hacen posibles darían para escribir otro libro, pero podemos resumirlos muy brevemente. Cuando vives una experiencia muy intensa, se producen descargas eléctricas en tus neuronas. Esas descargas activan en las neuronas una cascada de mecanismos capaces de elaborar nuevas proteínas. Y son esas proteínas las que incrementan el tamaño de las zonas de las neuronas que entran en conexión, amplificando al máximo y haciendo más eficaz la comunicación entre ellas.

La potenciación a largo plazo también permite asociar dos estímulos. Imagina una neurona, a la que llamaremos C, que conecta con otras dos neuronas, la A y la B. Supongamos que A estimula a C y que ese estímulo es potente y fortalece su conexión. Por su parte, el estímulo de B es demasiado débil. Si ambos estímulos se producen a la vez, la potenciación a largo plazo permitirá grabar la información que proporcionan los dos, pero si los estímulos se dan en momentos diferentes, solo guardaremos los datos ofrecidos por la conexión entre A y C, basados en el estímulo más intenso (figura 12).

Figura 12

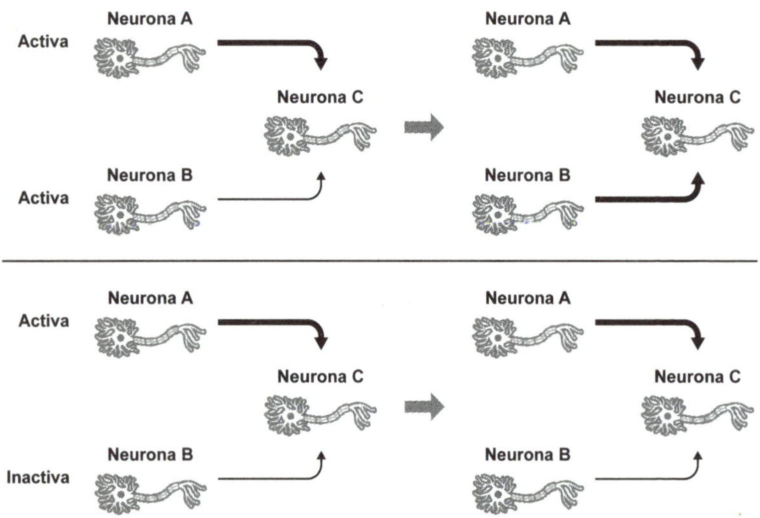

Fuente: elaboración propia.

Ahora traslademos estos conceptos al mundo real. Los expertos en buscar setas saben perfectamente dónde encontrarlas, porque con los años han aprendido a asociar las setas con otros tipos de información que les proporcionan pistas que son útiles para encontrarlas, como ciertos lugares o ciertos tipos vegetación. Gracias a eso, predicen dónde estarán. Por ejemplo, si siempre encuentran setas bajo un pino, su cerebro asociará el pino con la seta. De esta forma, basándose en su experiencia, cada vez que encuentren un pino mirarán a ver si hay una seta.

Simplificando mucho, introduzcámonos en el cerebro de los buscadores de setas. La seta es el objetivo de su búsqueda y, por lo tanto, ese estímulo fuerte capaz de provocar la potenciación a largo plazo en la conexión entre las neuronas A y C. El pino sería el estímulo débil de la conexión entre B y C, porque de forma aislada no es importante. Si ambos estímulos se presentan a la vez, B y C se fortalecen y el recuerdo del pino queda irremediablemente asociado a las setas, de manera que si el buscador de setas ve de nuevo un pino en el futuro, lo asociará a la presencia de las mismas.

Así, pues, miles de millones de neuronas están en constante actividad en nuestro cerebro, comunicándose sin cesar unas con otras y fortaleciéndose y creciendo a cada segundo. Ahora bien, ¿no es posible que llegue un momento en el que los circuitos del cerebro se saturen?

En efecto. Después del descubrimiento de la potenciación a largo plazo fue descubierto el mecanismo opuesto, la depresión a largo plazo, que debilita las conexiones entre neuronas. Cuando una neurona recibe estímulos durante un tiempo prolongado, pero separados en el tiempo, su conexión con la siguiente neurona del circuito se debilita. Y este cambio también se mantiene a lo largo del tiempo. Nuestro cerebro es capaz de combinar ambos mecanismos para evitar un «cortocircuito» que nos impida aprender y recordar (figura 13).

Figura 13

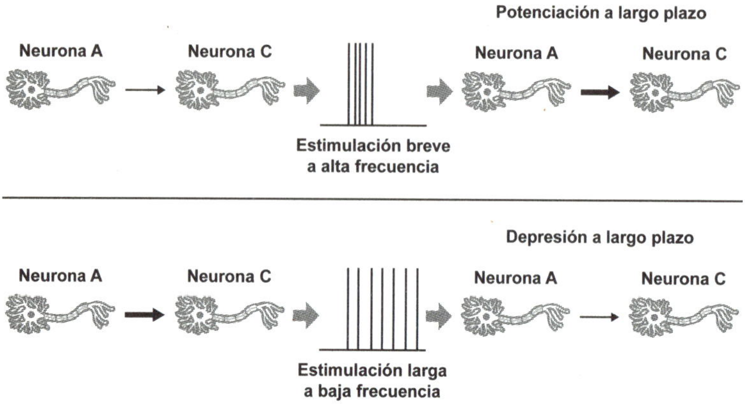

Fuente: elaboración propia.

EL MILAGRO DE LA NEUROPLASTICIDAD

El fenómeno de la neuroplasticidad ha sido estudiado y documentado en cerebros de animales de experimentación. ¿Pero qué ocurre con nosotros? ¿Sabemos realmente si la experiencia modifica la estructura de nuestro cerebro? Para desentrañar el misterio, hemos estudiado a personas que por su profesión han sido expuestas constantemente a un tipo de estímulo. ¿El objetivo? Encontrar diferencias entre sus cerebros y los de personas que no hayan recibido ese tipo de estímulos. Uno de esos colectivos ha sido el de los músicos. La música es un estímulo auditivo muy complejo que abarca diferentes dimensiones, como el ritmo, la melodía y la armonía, y activa casi todas las zonas de nuestro cerebro. Los estudios realizados han demostrado que los músicos tienen más desarrolladas las zonas del cerebro implicadas en el aprendizaje, el control, las sensaciones, el movimiento, el procesamiento auditivo y el lenguaje.

Otro de los experimentos más populares que se han realizado para demostrar la existencia de neuroplasticidad es el famoso estudio de los taxistas de Londres. Para obtener su licencia, deben superar un durísimo test y han de demostrar que son capaces de cruzar la ciudad a través de 320 rutas diferentes que deben aprenderse de memoria. Los candidatos tardan entre dos y cuatro años en entrenarse para someterse al examen. A ojos de un equipo de investigadores del University College de Londres, esta particularidad convertía a los taxistas londinenses en los candidatos ideales para comprobar si entrenar la capacidad de navegación espacial más que el resto de la población había cambiado la estructura de sus cerebros. Además, estos investigadores creían saber dónde podían encontrar estos cambios: en el hipocampo. Además de ser importante para nuestra memoria autobiográfica y otras formas de memoria declarativa, el hipocampo es básico para orientarnos en el espacio. Por todo ello, los autores del estudio creían que si el entrenamiento de los taxistas tenía algún efecto, debía encontrarse en él.

Se pusieron manos a la obra e invitaron a un grupo de taxistas y a otro grupo de personas de edad y características similares, pero que no eran taxistas, a hacerse una resonancia magnética cerebral. Encontraron que, efectivamente, una zona del hipocampo, la que se asocia con la capacidad de orientación espacial, era más grande en los taxistas. Sin embargo, había un problema: el mayor tamaño se podía deber al efecto del entrenamiento o a que el complicado examen para obtener la licencia solo lo aprobaran las personas con mayor capacidad de orientación y con un hipocampo más grande. Así que siguieron investigando, esta vez comparando a los taxistas veteranos con los novatos. Vieron que los primeros tenían un hipocampo de mayor tamaño que los que llevaban menos tiempo en la profesión. Eso les llevó a concluir que era la experiencia al volante la que había cambiado la forma de su cerebro: su hipocampo era más grande.

Para saber si las diferencias en el cerebro se deben al efecto de la experiencia o son rasgos innatos, otro equipo de investigadores de la Universidad de Ratisbona (Alemania) hizo un estudio diferente. Escogieron un grupo de jóvenes con edades y características similares, y los dividieron en dos grupos al azar. Los jóvenes de un grupo aprendieron a hacer malabarismos, mientras que los del otro no. Como requisito para participar en el estudio, ningún voluntario podía haber aprendido antes a hacer juegos malabares. De esta manera, se aseguraban de que todos fueran igual de inexpertos antes de empezar el experimento y todos se sometieron a una resonancia magnética cerebral antes y después de que el primer grupo aprendiera. Al comparar las imágenes, los investigadores encontraron que antes del aprendizaje no había diferencias entre ellos, pero que después, en los jóvenes que habían hecho el entrenamiento, se había desarrollado más una región del cerebro responsable del procesamiento visual y del movimiento. Eso confirmaba que, como en el caso los taxistas de Londres, el aprendizaje es capaz de cambiar la forma de nuestro cerebro.

EJERCITA TU CEREBRO CON MÚSICA

La experiencia ha demostrado que la música puede ayudarnos a mejorar nuestra capacidad de aprendizaje. De hecho, como hemos visto, algunas zonas del cerebro de los músicos profesionales están más desarrolladas que en personas que no se dedican a ella. No es necesario que te apuntes a un conservatorio, pero sí puede serte de mucha ayuda escuchar música. Aunque hay investigadores que los cuestionan, diversos estudios han demostrado el denominado «efecto Mozart». De acuerdo con un estudio publicado en 1993, escuchar la música del compositor austriaco durante diez minutos puede mejorar nuestra concentración y la capacidad para razonar. Y, en general, la música clásica nos ayuda a disminuir nuestros niveles de estrés y a bajar la tensión arterial, mejora nuestro rendimiento, nos alivia la ansiedad y el dolor, y combate el insomnio, que, como veremos más adelante, es uno de los principales enemigos de nuestra memoria. Escuchar y practicar música, además, puede ayudar a los niños a desarrollar sus habilidades, pues mejora su capacidad de atención y de concentración, y también su memoria.

4

LA MEMORIA Y LAS EMOCIONES

«Nosotros, de un vistazo, percibimos tres copas en una mesa; Funes, todos los vástagos y racimos y frutos que comprende una parra. Sabía las formas de las nubes australes del amanecer del 30 de abril de 1882 y podía compararlas en el recuerdo con las vetas de un libro en pasta española que solo había mirado una vez y con las líneas de la espuma que un remo levantó en el Río Negro la víspera de la acción del Quebracho». En «Funes el memorioso» (*Ficciones*, 1944), el escritor Jorge Luis Borges describe a un muchacho que, a raíz de un golpe fortuito en la cabeza, es capaz de recordar con todo lujo de detalles cada instante de su vida. El personaje, gracias a su memoria prodigiosa, puede aprender latín en unos pocos días y no necesita apuntar las ideas que se le ocurren, ya que todo cuanto piensa queda grabado de forma indeleble en su cerebro. Aunque muchas personas podrían sentir cierta envidia ante estas cualidades sobrehumanas, el propio protagonista afirma en un momento dado: «Mi memoria, señor, es como vaciadero de basuras». Borges intuye así la extrema inutilidad de una memoria perfecta, capaz de retener todo tipo de información.

Sin lugar a dudas, la memoria es una gran ventaja evolutiva. Nos permite adaptar nuestro comportamiento a las circunstancias cambiantes que nos rodean gracias a lo que hemos aprendido de experiencias anteriores. Nos permite sobrevivir. En particular, nuestra memoria autobiográfica —la que hace posible que hilemos los episodios que configuran nuestra historia personal— nos define como individuos, dando forma y contenido a nuestra vida emocional. No obstante, tan importante como tener la capacidad de registrar las diferentes experiencias que nos acontecen a diario es discriminar qué recuerdos deben retenerse y cuáles no. Es decir, tan importante es recordar como poder olvidar. Así, pues, nuestro cerebro necesita algún sistema para valorar los acontecimientos que vivimos a diario y que únicamente aquellos que sean relevantes para nuestra adaptación al medio se guarden para siempre. En este capítulo hablaremos de las emociones y del papel primordial que desempeñan a la hora de modular nuestra memoria. Las emociones actúan como una especie de filtro, o sello de calidad, que nos permite focalizar nuestra atención en sucesos extraordinarios y retener a largo plazo, incluso durante toda la vida, aquellos recuerdos que pueden resultarnos más útiles en el futuro, ya sea para evitar situaciones con desenlaces negativos o para repetir acciones que nos han conducido a una recompensa. También descubriremos la otra cara de las emociones, porque algunas reacciones asociadas a emociones negativas, como el estrés y la ansiedad, pueden jugarnos malas pasadas en lo referente a nuestra capacidad para aprender nueva información y recordarla posteriormente.

QUÉ SON Y CÓMO FUNCIONAN LAS EMOCIONES

¿Por qué motivo hay recuerdos que quedan grabados a fuego toda la vida mientras que la mayoría de nuestras experiencias diarias son olvidadas al cabo de poco rato? ¿Cómo sabe nuestro cerebro qué recuerdos debe retener y cuáles no? Si examinas tus recuerdos antiguos, seguramente encontrarás un elemento común en la mayoría de ellos. Los nervios del primer día de colegio, la expectación ante un regalo de cumpleaños durante la niñez, la alegría por un nacimiento, la sorpresa por un encuentro inesperado, la tristeza por la pérdida de un ser querido, la ira ante una situación injusta, etc. Vivencias como estas, que con frecuencia recordamos toda la vida, suelen asociarse a una elevada carga emocional. ¿Pero qué son exactamente las emociones? Las emociones son respuestas automáticas de nuestro organismo al detectar algún estímulo potencialmente importante para nuestro bienestar inmediato, ya sea para incrementarlo o para comprometerlo. Si caminamos distraídos por un sendero en medio de un bosque y de pronto escuchamos un ruido entre los arbustos, automáticamente nuestro cerebro ordenará que el pulso se acelere, los músculos se contraigan y se segreguen hormonas como la adrenalina y los glucocorticoides. Todo ello con el objetivo de prepararnos y movilizar los recursos suficientes para hacer frente a una eventual amenaza. Esta respuesta automática, que sucede antes incluso de que seamos conscientes de que tenemos miedo, es lo que denominamos emoción. Las emociones pueden ser positivas o negativas, en función del estímulo que las desencadena, y son esenciales para nuestra supervivencia, ya que activan patrones de comportamiento cuyo objetivo es mantenernos a salvo en todo momento. Tradicionalmente, se distinguen seis tipos de emociones primarias diferentes, todas ellas universales y presentes en diferentes culturas. Estas emociones son la felicidad, la tristeza, el miedo, la ira, la sorpresa y el disgusto, y están reguladas fundamentalmente por regiones cerebrales situadas por debajo de la corteza cerebral. Una de las regiones más estudiadas, tal y como explicamos al inicio del libro, es la amígdala, cuyo nombre deriva de un término griego que significa «almendra», porque su forma ovalada recuerda a la de este fruto. La amígdala es un pequeño núcleo situado en el interior del lóbulo temporal, justo por delante del hipocampo (figura 14), y ya desde los años treinta del siglo pasado se sabe que juega un papel central en la génesis de las emociones. Diversos experimentos en animales han demostrado que su extirpación anula la respuesta de miedo ante situaciones peligrosas. Por ejemplo, un animal al que se le extirpara la amígdala no temería a una serpiente. También sabemos que la estimulación eléctrica de la amígdala provoca que aparezcan respuestas de agitación y miedo. ¿Cómo? Volvamos a caminar distraídos por un sendero. Al escuchar un ruido, la amígdala recibe información de nuestros sentidos, en este caso el oído, y si identifica un posible peligro, activa una respuesta emocional a través de otras estructuras del cerebro. Desde ellas se ponen en marcha la respuesta conductual (adoptar una posición para permanecer inmóvil, huir o atacar) y fisiológica (como la secreción de hormonas y la aceleración del pulso).

Figura 14

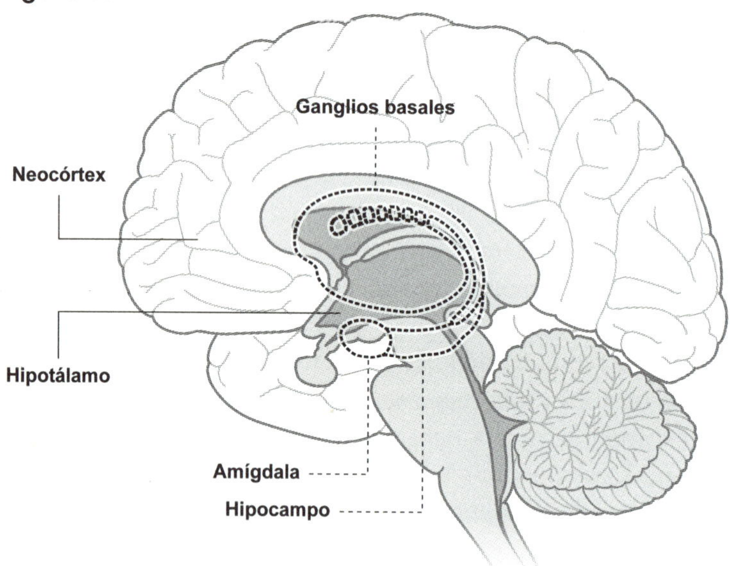

Fuente: https://www.123rf.com/photo_46940834_stock-vector-the-brain-in-cross-section-showing-the-basal-ganglia-hypothalamus-amygdala-and-hippocampus.html.

NUESTRO CEREBRO VIAJA EN EL TIEMPO

Las emociones están omnipresentes en nuestro día a día y condicionan constantemente nuestra manera de percibir el mundo. Los recuerdos son capaces de activar una y otra vez todas las emociones que acompañaron los sucesos evocados cuando se produjeron por primera vez. Recuerda, por ejemplo, una de las noches de Reyes de tu infancia. No solo te vendrá a la cabeza si te regalaron el juguete que querías, su color o su forma. También aparecerán la excitación que sentías, la alegría... y hasta puede que esboces una sonrisa al recordar. En palabras de William James (1842-1910), considerado el padre de la psicología estadounidense, los acontecimientos emocionalmente intensos son capaces de «dejar una cicatriz en el tejido cerebral». Aunque esta afirmación pueda parecer un tanto exagerada, existen numerosas evidencias científicas de la poderosa influencia de las emociones en nuestra forma de recordar. Uno de los ejemplos más famosos, del que quizás hayas oído hablar, es el experimento realizado por Roger Brown y James Kulik. En 1977, preguntaron a diversas personas en qué circunstancias se enteraron de la noticia de la muerte de John Fitzgerald Kennedy, asesinado en 1963 mientras iba en coche por las calles de la ciudad de Dallas. Observaron que, aunque no pudiesen demostrar si lo que decían era verdad o mentira, todos ellos mantenían recuerdos muy vívidos sobre aquel acontecimiento, que, sin duda, causó una gran conmoción en la sociedad estadounidense. Brown y Kulik acuñaron el término memoria *flashbulb* (por analogía con el *flash* que ilumina una escena al tomar una fotografía) para definir este tipo de recuerdos vinculados a situaciones emocionalmente intensas. Creían que, ante este tipo de acontecimientos de gran impacto emocional, se activan mecanismos en nuestro cerebro para registrar con el mayor detalle posible dicha experiencia, como si alguien o algo diese la orden de darle al botón de grabar para dejar constancia de todo lo ocurrido.

Sin embargo, no todos los recuerdos asociados a experiencias emocionalmente intensas se recuerdan igual de bien. De hecho, hay evidencias que demuestran que recordamos más o menos un acontecimiento en función de la potencia de las emociones que nos provoca. Por ejemplo, un estudio realizado en la Universidad de Nueva York mostró que personas ubicadas en el corazón de Manhattan durante el ataque terrorista a las Torres Gemelas del 11 de septiembre de 2001 recordaban con mayor detalle este suceso que otras personas que se encontraban en ese preciso instante en el mismo barrio, pero unos kilómetros más alejados de la zona atacada. Este fenómeno se explicaría posiblemente por el hecho de que las personas más cercanas al ataque habrían presentado una reacción emocional más potente: su mayor proximidad con la tristemente famosa «zona cero» habría generado una mayor sensación de peligro que la que tuvieron las personas situadas unos kilómetros más lejos. Además, en el mismo estudio, mediante una técnica denominada resonancia magnética funcional, que permite ver qué áreas del cerebro se activan más en un determinado momento, los investigadores observaron que, al recordar el ataque terrorista, se producía una mayor activación de la amígdala únicamente en las personas que se encontraban más cerca del lugar del ataque, mientras que en las que se encontraban más alejadas no se producía. De este modo se reforzaba la idea de que la amígdala juega un papel crucial en la modulación de los recuerdos asociados a emociones intensas.

En otro famoso experimento, investigadores de la Universidad Stanford y de la Universidad de California en Irvine (Estados Unidos) fueron capaces de demostrar el papel de la amígdala en la potenciación de los recuerdos a través de las emociones. Los participantes del estudio visualizaron dos tipos de imágenes: unas con contenido neutro y otras con contenido emocionalmente negativo. Inmediatamente después, se les pidió que las recordaran, que valoraran la intensidad de las emociones que les provocaba ese recuerdo y se les hizo una resonancia magnética funcional. Tres semanas más tarde, volvieron y se estudió lo que recordaban de las escenas que habían visto. Los resultados mostraron que la amígdala se activaba en quienes habían visto veinte días antes imágenes con un elevado contenido emocional. Aunque no solo eso: la activación estaba ligada a la capacidad de recordar las imágenes al cabo de tres semanas, de forma que una mayor activación de la amígdala se asociaba a una mayor fidelidad del recuerdo. Experimentos como los anteriores muestran que, cuando revivimos nuestros recuerdos, es como si nuestro cerebro realizase un viaje en el tiempo, activando las mismas áreas cerebrales que se activaron al vivir y registrar la experiencia. Las diferentes áreas implicadas en el procesamiento de información evocan en nuestra mente el escenario donde un suceso concreto tuvo lugar, las personas implicadas, sus voces, tal vez algún olor peculiar. Y, al mismo tiempo, se activan regiones cerebrales como la amígdala, lo que hace aflorar los sentimientos asociados a esa vivencia.

¿A través de qué mecanismos son capaces de afectar a nuestros recuerdos las emociones? La fuerte asociación entre emociones y memoria se hace patente también desde un punto de vista puramente físico. La amígdala procesa las emociones y el hipocampo es una de las principales estructuras del cerebro implicada en la memoria. Se encuentran la una junto a la otra y mantienen importantes y recíprocas conexiones entre sus neuronas. Los secretos de cómo funcionan conjuntamente se han descubierto a través de estudios con ratones.

Tras administrarles glucocorticoides y adrenalina, se ha observado que estas hormonas, liberadas cuando se produce una respuesta emocional, promueven la consolidación de los recuerdos en el hipocampo y que este proceso depende de la amígdala. Es decir, que las hormonas liberadas a raíz de una respuesta emocional provocan cambios en la amígdala y esta a su vez actúa sobre el hipocampo para fortalecer la consolidación a largo plazo del recuerdo.

LA ANSIEDAD Y EL ESTRÉS, ¿AMIGOS O ENEMIGOS?

El estrés es nuestra respuesta a situaciones que potencialmente pueden amenazar nuestro bienestar. En condiciones normales, esa respuesta está presente mientras la amenaza persiste para poder hacerle frente y luego desaparece. Cuando esta respuesta se alarga en el tiempo más allá de la desaparición del estímulo que la ha causado, hablamos de ansiedad, que es un estado mental caracterizado por la presencia de sentimientos negativos en relación con una amenaza a menudo poco definida o impredecible. A pesar de su mala prensa, un cierto grado de estrés y ansiedad es necesario para garantizar nuestro bienestar. Buena prueba de ello es que este tipo de respuestas está presente en un gran número de especies, algo que sugiere que tienen algún tipo de ventaja evolutiva, puesto que aparecieron hace millones de años y siguen presentes hoy en día en la mayoría de animales. En efecto, tener una actitud vigilante y suspicaz en ambientes potencialmente hostiles puede ayudarnos a mantenernos a salvo. Así, niveles controlados de ansiedad y estrés pueden potenciar aspectos beneficiosos de nuestra capacidad para conocer y poder adaptarnos mejor a nuestro entorno. De hecho, de acuerdo con las investigaciones del neurocientífico Ian Robertson, existe un nivel óptimo de estrés para el funcionamiento de nuestro cerebro. Este investigador demostró que niveles excesivamente bajos o altos de noradrenalina (una molécula que actúa como neurotransmisor y hormona en situaciones de estrés) se asocian a un peor rendimiento cognitivo. Las personas con niveles excesivamente bajos o demasiado altos de noradrenalina tenían más dificultades al realizar test de inteligencia. Los primeros, debido a una falta de interés y bajo ánimo; los segundos, porque sentían demasiado estrés y presión, lo cual les impedía concentrarse. La conclusión fue que existen unos niveles intermedios de noradrenalina que se asocian a un rendimiento óptimo de nuestro cerebro. Es decir, que para funcionar al máximo nivel, nuestro cerebro ha de sentir que tiene algún tipo de reto, pero al mismo tiempo percibir que es capaz de afrontarlo con éxito.

Sin embargo, es bien sabido que una activación permanente e innecesaria de estos mecanismos acaba conduciéndonos a un estado patológico. ¿Y cómo afectan la ansiedad y el estrés a nuestra memoria? Existe una evidencia clara de su influencia. La ansiedad provoca cambios en nuestra forma de percibir los estímulos que recibimos, haciéndonos más sensibles a su detección, especialmente ante aquellos que con mayor probabilidad podrían preceder a una amenaza. Esos cambios en nuestra percepción pueden ayudarnos a detectar mejor potenciales peligros, pero si persistimos en dar respuesta a una amenaza cuando ya no existe, también es posible que nos cueste dirigir nuestra atención a otros estímulos relevantes, ya que nuestro cerebro continuará pendiente en todo momento de detectar posibles amenazas. Esta dificultad para focalizar nuestra atención en otras cosas que no sean un posible peligro puede provocar fallos de memoria: si no prestamos atención al resto de acontecimientos, nuestra capacidad de recuperar posteriormente la información relativa a dichos sucesos se verá comprometida.

Por otra parte, tal y como he comentado, ante una situación estresante se desencadena una cascada de señales hormonales y de neurotransmisores encaminada a prepararnos para hacer frente a una amenaza. Estas señales nos disponen para hacer frente de inmediato al potencial desafío y, al mismo tiempo, generan cambios en nuestra memoria. Por este motivo, hechos estresantes como accidentes, una ruptura sentimental o una fuerte discusión son normalmente recordados con gran viveza. Como ya he indicado, las hormonas asociadas al estrés, como glucocorticoides y adrenalina, ejercen de mensajeros para impulsar cambios en la consolidación de nuestros recuerdos, proceso por el cual nuestras experiencias se acaban convirtiendo en recuerdos a largo plazo. Son como una especie de interruptor que activa el *flash* para iluminar bien la escena y que todo cuanto suceda pueda ser debidamente registrado por nuestro cerebro. Paradójicamente, las mismas hormonas que nos permiten consolidar mejor los recuerdos asociados a situaciones estresantes pueden afectar a nuestra capacidad para recordar, porque niveles elevados de glucocorticoides se asocian a una menor capacidad para recuperar información previamente adquirida. A lo largo de mis años de experiencia, he observado que es frecuente que personas que están viviendo situaciones estresantes presenten quejas sobre pérdida de memoria. Quizás a ti también te haya ocurrido. Cuando esas personas realizan test que evalúan su capacidad para aprender y recordar, los resultados pueden no salir del todo bien. Por este motivo, ante la aparición de problemas de memoria, es muy importante tener en cuenta el contexto emocional, ya que este podría estar condicionando la capacidad para fijar y recuperar la información. En resumen, la ansiedad y el estrés pueden potenciar la consolidación de recuerdos asociados a situaciones estresantes —lo que nos es de utilidad para saber cómo actuar en el futuro ante situaciones similares—, pero también pueden afectar negativamente a nuestra capacidad de prestar atención y de recuperar información si se perpetúan en el tiempo.

USA TUS RECUERDOS PARA MEJORAR TU BIENESTAR EMOCIONAL

A lo largo de este capítulo, hemos hablado mucho de la influencia de las emociones en nuestra memoria. ¿Pero qué pasa si invertimos el orden de esta relación? ¿Puede nuestra memoria influir en nuestro estado de ánimo? Actualmente se emplea mucho el concepto de resiliencia en el ámbito de la psicología. Esta no es otra cosa que nuestra capacidad para adaptarnos a situaciones adversas. Se considera que una persona es resiliente si es capaz de hacer frente a situaciones de mucho estrés sin sufrir excesivas consecuencias negativas a nivel psicológico. En términos coloquiales, son personas que lo aguantan todo, que sufren las bofetadas de la vida y a pesar de todo siguen adelante con un espíritu positivo. ¿Cuál es su secreto? Existen diversos mecanismos a través de los cuales algunas personas son capaces de soportar mejor que otras los embates de la vida y, seguramente, estos mecanismos no son los mismos en todas las personas resilientes. Una de las claves que podría explicar la admirable capacidad de las personas resilientes para superar adversidades es que bucean en su memoria para recuperar recuerdos positivos capaces de generar emociones agradables que los ayuden a sobreponerse a situaciones de estrés. Un estudio reciente de la Universidad de Cambridge quiso comprobar esta idea en un grupo de adolescentes con elevado riesgo de depresión. Se estudió cómo el hecho de rescatar recuerdos positivos influía en dos variables muy relacionadas con la depresión: los niveles de cortisol y la presencia de pensamientos negativos durante momentos de bajo estado anímico. Ambas predicen un mayor riesgo de depresión. Los investigadores concluyeron que quienes tienen una mayor capacidad de recuperar recuerdos positivos presentan menores niveles de cortisol y una menor frecuencia de pensamientos negativos a lo largo del tiempo. Eso los haría menos propensos a sufrir depresión. Aunque hacen falta más estudios para confirmar esta hipótesis, podemos afirmar que existe cierta evidencia de que refugiarnos en los buenos momentos cuando vivimos tiempos difíciles podría hacernos más resilientes. La memoria, de este modo, se convierte en una gran aliada para nuestro bienestar emocional.

5

LA MEMORIA Y EL SUEÑO

En un fragmento de la famosa obra de Shakespeare *La tragedia de Macbeth*, su protagonista define el sueño como «el morir de la vida diaria». En cambio, la biología nos dice todo lo contrario: la vida es incompatible con la falta de sueño. No es necesario hacer alusión a ningún experimento científico para hablar del efecto beneficioso que el sueño ejerce sobre nuestro bienestar físico y mental. Basta con recordar alguna noche de insomnio y las penalidades sufridas el día siguiente: cansancio, malestar físico, dificultad para concentrarse, irritabilidad... Si alguna vez has pasado una noche en vela, reconocerás estos síntomas. Todas las especies animales conocidas necesitan dormir y, en particular, los humanos pasamos aproximadamente un tercio de nuestras vidas durmiendo. Teniendo en cuenta la extrema vulnerabilidad que supone para cualquier animal estar varias horas inmóvil y aislado de los estímulos externos, arriesgándose a caer en manos de cualquier depredador, es fácil llegar a la conclusión de que debe existir alguna razón muy poderosa desde el punto de vista biológico que justifique la existencia del sueño. Y por increíble que parezca, la pregunta de por qué dormimos, a pesar de su importancia, sigue en gran medida sin respuesta. La idea de que de algún modo el sueño ejerce un efecto beneficioso sobre nuestra memoria está muy extendida. Algunas de las primeras reflexiones del mundo científico datan de principios del siglo XIX. En 1801, David Hartley, un filósofo y psicólogo británico, ya proponía que soñar refuerza las asociaciones que constituyen la base de nuestra memoria en el cerebro. Durante las décadas más recientes, la relación entre el sueño y la memoria ha sido objeto de una intensa investigación que nos puede ofrecer alguna pista sobre la enorme importancia del sueño para que aprendamos y recordemos.

¿QUÉ ES EL SUEÑO?

Antes de desgranar la relación entre el sueño y la memoria, podemos ver con algo más de detalle qué es el sueño. Se trata, en esencia, de un estado fisiológico —es decir, que ocurre en condiciones normales— y reversible durante el cual disminuyen nuestro nivel de conciencia y de respuesta a estímulos externos y tenemos un bajo nivel de actividad. Dicho de otra forma, mientras dormimos estamos casi inmóviles y apenas somos conscientes de lo que ocurre a nuestro alrededor, ya que quedamos relativamente aislados de los estímulos visuales, auditivos o de cualquier otro tipo. Además, se repite en intervalos regulares y, como las variaciones de temperatura corporal o las concentraciones en sangre de diferentes moléculas, se encuentra dentro de un conjunto de procesos biológicos repetitivos y predecibles a lo largo de las 24 horas del día. Por otra parte, el sueño no es un estado uniforme. Por la noche, mientras dormimos, nuestra actividad no es siempre la misma. Pasamos por una sucesión de diferentes fases, entre las que destacan dos: la fase REM y la fase no REM.

En la fase REM, los ojos se mueven de forma rápida y aparentemente aleatoria. De ahí su nombre. REM corresponde a las siglas de la expresión *Rapid Eye Movement*, que significa «movimiento rápido de los ojos». Y durante esta etapa, nuestro cerebro experimenta una actividad eléctrica rápida y desincronizada, parecida a la que podemos encontrar en una persona despierta. Mientras estamos en fase REM, nuestro cuerpo permanece inmóvil. Podríamos decir que nuestros músculos «se paran» porque desde el tronco cerebral se envían señales para «desconectar» las neuronas de la médula espinal que activan el movimiento. Solo mantienen su función las neuronas de las regiones responsables de los músculos de la cabeza, del cuello y de los que nos permiten respirar, como el diafragma. En esta fase es cuando soñamos.

La fase no REM se distingue, como no podía ser de otra forma, por la ausencia de movimientos oculares. Además, durante esta etapa, soñamos menos y nuestros músculos no están paralizados. En esta fase del sueño se dan diferentes subetapas, algunas de las cuales corresponden a un sueño más ligero y otras a un sueño más profundo. Durante el sueño profundo de la fase no REM, emerge una actividad eléctrica especial caracterizada por la presencia de ondas lentas y altamente sincronizadas.

EL CEREBRO TRABAJA MIENTRAS DORMIMOS

¿Para qué dormimos? Esta pregunta sigue sin respuesta hoy en día, pero es poco realista pensar que el sueño cumple un único objetivo. Al contrario, más bien estaría implicado en numerosos aspectos vitales para el buen funcionamiento de nuestro organismo. En ese sentido, siempre se habla de su destacadísimo papel en la conservación de la energía y en el equilibrio de nuestro sistema inmunológico. Pero ¿no es exagerado que para realizar esas funciones nos quedemos casi inmóviles sin ser conscientes de lo que ocurre a nuestro alrededor? Esa es una pregunta que quizá te hayas hecho alguna vez, igual que lo hicieron en el pasado muchos investigadores. Sin embargo, el hecho de que lo hagamos así, prácticamente inconscientes, nos lleva a la conclusión de que dormir es especialmente necesario para nuestro cerebro. Algunos estudios recientes sugieren que durante el sueño se activan mecanismos concretos para eliminar el exceso de sustancias que pueden resultar dañinas para el funcionamiento del cerebro. Por otro lado, como veremos, cada vez hay más evidencia de que el sueño ejerce un papel activo en la consolidación de diferentes tipos de memoria.

Como hemos comentado, ya a principios del siglo XIX se teorizaba sobre el destacado papel del sueño en la consolidación de nuestros recuerdos. La primera evidencia científica que tuvimos para apoyar esta afirmación la aportó un estudio realizado por los psicólogos estadounidenses John G. Jenkins y Karl M. Dallenbach. Observaron que la retención de la memoria era mejor en personas que dormían toda la noche que en personas que pasaban la noche despiertas. Décadas de investigación apuntalan la idea de que dormir bien ayuda a consolidar la memoria, tanto la declarativa (acontecimientos personales y conocimientos generales) como la memoria procedimental (hábitos y habilidades). Lo que todavía no está claro en la actualidad es cuáles son los mecanismos responsables de este efecto del sueño sobre la memoria.

Para generar un recuerdo necesitamos procesar la información y para ello tenemos que codificarla y consolidarla. Durante la codificación, los datos procedentes de diferentes áreas sensoriales se juntan, de manera que nuestro cerebro es capaz de integrarlos en una única experiencia y asociarlos con nuestros conocimientos anteriores. Gracias a este proceso, todos los estímulos que hemos percibido se transforman en un solo elemento, al que dotamos de significado y que podemos almacenar en nuestra memoria declarativa. Los nuevos recuerdos recién generados son muy vulnerables a cualquier interferencia y por eso muchos de ellos son olvidados al cabo de poco rato. Mientras estamos despiertos, recibimos y procesamos nueva información y se cree que el estado de vigilia está diseñado a la perfección para recibir y codificar nueva información. Por su parte, el sueño incide directamente en la consolidación de los recuerdos, lo que significa que contribuye a estabilizar los adquiridos hace poco tiempo y que todavía son débiles y susceptibles de ser olvidados fácilmente. En un inicio, las primeras teorías psicológicas atribuían la importancia del sueño para consolidar recuerdos a que durante este estado nuestro nivel de conciencia disminuye notablemente y permanecemos relativamente aislados del entorno, lo cual reduce la posibilidad de que los estímulos exteriores interfieran en los mecanismos encargados de estabilizar los recuerdos. Las teorías actuales proponen un modelo más complejo: el sueño no es un simple fenómeno pasivo cuya única función es «desconectarnos» del mundo exterior, sino que la propia actividad cerebral generada durante el sueño contribuye activamente a consolidar los recuerdos.

LA IMPORTANCIA DE DORMIR BIEN

La neuroplasticidad, esa fascinante capacidad de nuestro cerebro para adaptarse y cambiar, nos permite aprender nueva información. Sin embargo, para retener esta información, el cerebro tiene que mantener estables algunos circuitos neuronales que puedan fijar la información aprendida, y mientras aprendemos, estamos modificándolos constantemente. Entonces, ¿cómo puede nuestro cerebro aprender nueva información sin borrar a la vez la que ya tiene? ¿Cómo se resuelve este dilema entre estabilidad y plasticidad? A partir de la década de 1970, se propuso una teoría que daba con la respuesta. Según esta, la memoria se forma en dos etapas. Inicialmente, la información codificada se almacena en un sistema perfectamente diseñado para el aprendizaje rápido. Por ejemplo, en el caso de la memoria declarativa, sería el hipocampo. Posteriormente, esta información es gradualmente transferida a un sistema de aprendizaje más lento, las áreas de la corteza cerebral, donde a largo plazo queda almacenada. Los sistemas de aprendizaje rápidos están especializados en aprender nueva información, aun a expensas de que sea vulnerable y pueda ser fácilmente olvidada a medida que tiene que competir con la nueva información que vamos aprendiendo. El paso gradual de la información al sistema más lento permite almacenarla sin peligro de «escribir» sobre otros recuerdos. Y el sueño es fundamental para ir acomodando estos recuerdos en nuestro sistema de aprendizaje más lento. O lo que es lo mismo, mientras dormimos nuestro cerebro va transfiriendo los recuerdos desde el hipocampo, donde son más vulnerables, a diferentes regiones de la corteza cerebral, donde finalmente quedan consolidados. La influencia del sueño en la memoria se ha visto reforzada por diferentes estudios que han mostrado que la deprivación de sueño (privar de sueño a alguien) se asocia a una peor capacidad para retener información y que lo aprendido durante las horas previas al sueño se recuerda mejor que si esta información se aprende al inicio del día. Así, pues, parece evidente que el sueño es necesario para consolidar los recuerdos. El papel del sueño en la consolidación de los recuerdos no se limita solo a ser un simple escudo protector de injerencias externas, sino que hay constancia de que la actividad cerebral generada durante las diferentes fases del sueño regula este proceso de consolidación.

En un principio, se puso el foco en la fase REM para explicar la influencia del sueño en la memoria, porque diversos estudios con animales así parecían indicarlo. Esos experimentos mostraron que favorecer la fase REM del sueño potenciaba diversos tipos de memoria y que interrumpir el sueño que afectaba a esta fase provocaba una mayor dificultad para la realización de tareas que implicasen el uso de la memoria. No obstante, posteriores estudios en los que se interrumpía el sueño durante la fase REM o durante la fase no REM han mostrado que las dos pueden contribuir a consolidar tipos diferentes de memoria. Mientras que durante la fase REM se favorece más la consolidación de la memoria procedimental (hábitos y habilidades), durante la fase no REM se consolida más la memoria declarativa (acontecimientos y conocimientos generales).

TRASTORNOS DEL SUEÑO QUE AFECTAN A LA MEMORIA

Teniendo en cuenta la relación entre el sueño y la memoria, es importante preguntarse cómo afectan los problemas de sueño crónicos a nuestro cerebro. En efecto, existe una relación entre determinados trastornos del sueño y el riesgo de que en el futuro se deterioren nuestras capacidades para conocer e interactuar con el mundo que nos rodea. En ese sentido, se han asociado las apneas del sueño y los déficits de memoria. Las apneas del sueño —o más bien dicho, el síndrome de apnea obstructiva del sueño— son pausas al respirar que experimentan algunas personas roncadoras mientras duermen. Se trata de un problema frecuente entre la población adulta, que afecta con mayor frecuencia a hombres (22 %) que a mujeres (17 %). Los ronquidos se deben a que se colapsan las paredes de la faringe y se dificulta el paso del aire. Es entonces cuando se produce su característico sonido. Pero, en ocasiones, la obstrucción llega a impedir totalmente el paso del aire durante unos segundos, provocando lo que llamamos una apnea. Ese pequeñísimo paro respiratorio, durante el que parece que la persona se ahoga, causa una falta de oxigenación transitoria en el cerebro, lo que desemboca en interrupciones del sueño. Es como si el cerebro, al detectar que le falta oxígeno, diera la alarma para que la persona se despierte y vuelva a coger aire. Y así toda la noche, porque las apneas se van repitiendo: dormir, despertar, dormir, despertar... Como consecuencia, las personas que sufren apneas presentan somnolencia excesiva durante el día y problemas como falta de concentración o déficits de memoria. El correcto diagnóstico de este problema permite en muchas ocasiones pautar un tratamiento efectivo: dormir con una mascarilla llamada CPAP que mantiene abierta la vía aérea y evita las apneas. Se ha visto que, aparte de corregirlas, puede mejorar los problemas de memoria asociados a ellas. Por este motivo, es frecuente que los especialistas en neurología preguntemos a nuestros pacientes por la calidad de su sueño cuando acuden a nosotros con problemas de memoria, porque en ocasiones estos pueden solucionarse si se llega a la conclusión de que están provocados por un trastorno del sueño y este se trata adecuadamente.

Otras veces, un trastorno del sueño puede ayudarnos a diagnosticar una determinada enfermedad neurodegenerativa. Este es el caso del llamativo trastorno de conducta del sueño REM. Las personas que lo sufren se distinguen por moverse bruscamente o hablar mientras sueñan. Tal y como hemos comentado, los sueños se dan mayoritariamente durante la fase REM, precisamente cuando nuestro cerebro envía señales para inmovilizar la mayor parte de nuestros músculos. Eso quiere decir que en condiciones normales permanecemos quietos mientras soñamos. Aunque soñemos que estamos corriendo, nuestro cuerpo no se mueve. Las personas con trastorno del sueño REM, por el contrario, se mueven durante los sueños, que, además, suelen tener un contenido desagradable y violento. De hecho, es como si estuvieran representando lo que están soñando: si sueñan que dan patadas, mueven las piernas como si las estuvieran dando. El hecho de que estas personas se muevan o hablen durante los sueños se debe a que no cesa la actividad muscular durante la fase REM y numerosos estudios han mostrado que las personas que sufren este tipo de trastornos son más propensas a desarrollar la enfermedad de Parkinson u otras enfermedades neurodegenerativas parecidas.

Recientemente, también se ha establecido una posible relación entre una mala calidad del sueño y un mayor riesgo de desarrollar la enfermedad de Alzheimer. Algunos estudios han encontrado que las personas con peor calidad del sueño presentan con mayor frecuencia cambios cerebrales, como los que se observan en la enfermedad de Alzheimer, en comparación con las personas que tienen una buena calidad del sueño. Estos estudios, realizados en personas que tienen intactas todas sus capacidades de aprendizaje y memoria, sugieren que el insomnio y otros trastornos asociados a una menor cantidad o calidad del sueño podrían ser un factor de riesgo para el desarrollo del alzhéimer. Las posibles causas de esta relación todavía no están del todo claras, pero algunas hipótesis sugieren que durante el sueño, se activan mecanismos en el cerebro para eliminar algunas sustancias tóxicas que se van acumulando cuando estamos despiertos. Las enfermedades neurodegenerativas como el alzhéimer se caracterizan, precisamente, por la acumulación de proteínas defectuosas que nuestro cerebro no es capaz de eliminar. Por lo tanto, la pérdida de horas de sueño dificultaría que elimináramos esas sustancias, favoreciendo así la aparición de la enfermedad.

BUENAS IDEAS PARA DORMIR MEJOR

A pesar de que la relación entre el sueño y el deterioro de nuestras capacidades mentales parece cada vez más evidente, no hay que ser alarmistas. Aunque las alteraciones del sueño son muy frecuentes en la población general y hasta un 40 % se queja de falta de sueño, la mayor parte de nosotros no desarrollará nunca enfermedades neurodegenerativas. No obstante, los datos nos vienen a recordar que cuidar la calidad de nuestro sueño es tan importante como mantener un estilo de vida saludable mientras estamos despiertos. ¿Y cómo podemos hacerlo? Sin perder de vista que algunos trastornos del sueño pueden precisar tratamientos médicos específicos y que ante la presencia de alteraciones del sueño persistentes es aconsejable visitar a un profesional sanitario, podemos hacer mucho por nosotros mismos para dormir más y mejor si realizamos ejercicio físico aeróbico durante el día, como ir en bicicleta o caminar, por ejemplo; si evitamos el consumo de estimulantes como la nicotina y el alcohol antes de acostarnos y no hacemos cenas copiosas o de difícil digestión, si cenamos pronto y nos vamos a dormir aproximadamente a la misma hora cada noche; si ayudamos a nuestro reloj interno con una adecuada exposición a la luz durante el día y suficiente oscuridad durante la noche; y si evitamos ver el reloj o el despertador desde la cama (encontrarás más consejos para dormir mejor en el último capítulo de este libro).

6

MEMORIA FEMENINA Y MEMORIA MASCULINA

Existen numerosos ejemplos de trastornos mentales que afectan en diferente proporción e intensidad a hombres y mujeres. Por ejemplo, ellos tienen una mayor predisposición a sufrir autismo, déficit de atención / hiperactividad o dislexia, mientras que ellas son más propensas a padecer episodios de ansiedad, depresión y anorexia nerviosa. ¿A qué se debe? ¿Los cerebros de hombres y mujeres son realmente diferentes? ¿Somos más propensos a sufrir determinados trastornos si somos hombres que si somos mujeres, y al revés? ¿Y qué influye más en estas diferencias, nuestra anatomía o el estilo de vida y la educación que hemos recibido? A pesar de los esfuerzos de la ciencia y de los grandes avances en investigación y tecnología, el cerebro es en cierto modo como el universo que nos rodea: un gran desconocido. Y muchas de las preguntas anteriores todavía no tienen una respuesta clara. Sin embargo, pese a que pueda generar polémica, cada vez existe más consenso en que el sexo y el género deben tenerse en cuenta al estudiar el cerebro humano. Hablamos de sexo y de género, ¿en qué se diferencian? Desde el punto de vista científico, entendemos por sexo las diferencias fisiológicas y biológicas, principalmente debidas a diferencias hormonales y genéticas, porque las mujeres presentan cromosomas XX y los hombres, XY. El género, por su parte, es un concepto mucho más amplio, que puede referirse tanto a las actitudes o el papel que una persona adopta en la sociedad como a su identidad de género, basada en su autopercepción.

Uno de los estudios pioneros que quiso demostrar la influencia del sexo en el cerebro fue llevado a cabo por Arnold Berthold a mediados del siglo XIX. El científico alemán observó que tras castrar a un grupo de gallos, se volvían menos agresivos y perdían interés en las hembras. Su conclusión fue que, de alguna manera, los testículos actuaban sobre la sangre y esta, a su vez, sobre el resto del organismo. Un siglo más tarde fue tomando forma una teoría según la cual las hormonas sexuales, producidas por los testículos y los ovarios, influyen en las fases iniciales del desarrollo del cerebro, favoreciendo que se creen algunos circuitos neuronales diferenciados entre miembros del sexo masculino y femenino de una especie. De hecho, en mayor o menor medida, todos los animales poseen un repertorio de conductas innatas capaces de activar patrones de respuestas sociales y sexuales según los estímulos del entorno, y algunos de estos comportamientos son diferentes en función del sexo. Por ejemplo, los ritos de apareamiento específicamente masculinos o femeninos, o la mayor tendencia a la agresividad entre los machos adultos de numerosas especies animales, son conductas que se deben a un incremento en los niveles de hormonas sexuales en fases críticas del desarrollo y durante la vida adulta. Estas formas de comportamiento se dan, incluso, en animales que han sido aislados de su entorno natural y que, por lo tanto, no han podido aprenderlas de otros miembros de su especie. Esas evidencias nos sugieren que no es descabellado pensar que determinadas conductas no dependen solo de lo que nos rodea, sino que están reguladas por circuitos neuronales que se forman durante el desarrollo del cerebro y que posteriormente se activan para responder a estímulos hormonales y ambientales concretos que actúan como interruptores. Que existan desigualdades en los circuitos cerebrales de miembros del sexo masculino o femenino de una determinada especie es lo que conocemos como dimorfismo cerebral sexual, el cual define la diferencia en la estructura del cerebro dependiendo del sexo. Una de las regiones cerebrales donde esa disparidad es más evidente es en una pequeña colección de núcleos conocida como hipotálamo, que se encuentra debajo del tálamo, justo en la mitad de la región más profunda de los hemisferios cerebrales (figura 15).

Figura 15. Hipotálamo

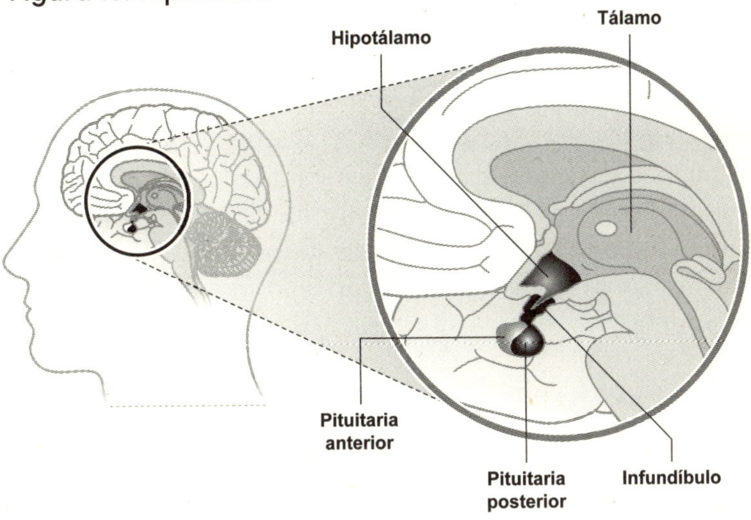

Fuente: https://courses.lumenlearning.com/suny-ap2/chapter/the-pituitary-gland-and-hypothalamus/.

De hecho, el hipotálamo es una estructura muy importante que regula conductas básicas como la alimentación, el sueño y la reproducción, motivo por el que no es de extrañar que sea en él donde se han encontrado algunas de las principales diferencias ligadas al sexo en lo que a la forma del cerebro se refiere. Esas desigualdades han sido descritas en todas las especies de mamíferos estudiadas, incluidos los seres humanos. Así, pues, también los humanos presentamos ciertas respuestas instintivas diferenciadas en función del sexo. Y esas respuestas pueden, en parte, influir en cómo nos comportamos. No obstante, en nosotros se ha desarrollado más el lóbulo frontal del cerebro que en otros animales y eso nos permite un control más sofisticado de nuestro comportamiento, de manera que somos capaces de retraernos en ciertas respuestas si consideramos que no son apropiadas para un determinado contexto social. Aunque entendamos, por ejemplo, que las relaciones sexuales son algo natural y básico para nuestra reproducción, difícilmente las mantenemos a la vista de todos. Controlamos el instinto sexual, pero no todas las especies hacen lo mismo y posiblemente hayas visto alguna vez a gatos o perros aparearse en plena calle. Tampoco hace falta ser científico para saber que hombres y mujeres contemplan el sexo de forma diferente y que, en la intimidad, nuestras necesidades y deseos difieren, igual que las formas de dar y recibir placer.

DIFERENTES, PERO NI MEJORES NI PEORES

Sabemos que, según el sexo, existen diferencias cerebrales en las regiones implicadas en la regulación de conductas básicas como la reproductiva. ¿Pero las hay en otras regiones cerebrales? ¿Hombres y mujeres recordamos de forma diferente?

En efecto, varios estudios a lo largo de las últimas décadas han puesto de manifiesto diferencias en la estructura y la función del cerebro de hombres y mujeres, más allá del hipotálamo y de las conductas primarias. En cuanto a las diferencias en la forma, los hombres tienen el cerebro más grande —aunque eso es proporcional al tamaño del cuerpo, que normalmente también es mayor en los hombres— y las mujeres tienen una mayor proporción de sustancia gris en el cerebro. A pesar de ello, es importante dejar claro que no se han comprobado grandes diferencias entre ambos sexos en lo que se refiere a nuestras habilidades y capacidades intelectuales y que las pocas que se han observado probablemente tengan un escaso impacto en nuestro día a día. También es cierto que no por pequeñas dejan de tener interés para la ciencia.

En general, las principales diferencias que hemos visto dejan constancia de que las mujeres tienen más memoria verbal y más capacidad para hablar espontáneamente con fluidez, sin demasiadas pausas ni fallos a la hora de encontrar las palabras. Los hombres, por su parte, de promedio, realizan con más facilidad las tareas que implican funciones visuoespaciales, un tipo de habilidad útil, por ejemplo, a la hora de orientarse o interpretar un mapa. En las mujeres, además, las funciones cerebrales están más repartidas entre los dos hemisferios. ¿Qué significa eso? Los hemisferios cerebrales no trabajan de manera simétrica, cada uno tiene sus propias funciones. El hemisferio izquierdo está más especializado en el procesamiento de la información verbal, de todo aquello relacionado con el lenguaje. Además, se encarga de controlar nuestros comportamientos rutinarios y de focalizar la atención sobre detalles específicos. El hemisferio derecho, por su parte, es el responsable de la información visual y espacial, lo relacionado con imágenes y localizaciones espaciales. También presta más atención a los estímulos novedosos, participa más en el procesamiento de emociones y nos ayuda a hacernos una idea más global y menos centrada en los detalles de cuanto sucede a nuestro alrededor. Pues la distribución de estas funciones cambia si somos mujeres u hombres. Las mujeres reparten más las tareas por los dos hemisferios y en los hombres es más acusada la tendencia a utilizar cada hemisferio solo para las tareas para las que ha sido diseñado.

Más allá de estas diferencias generales, si nos preguntamos si existen diferencias concretas en cuanto a la memoria, la respuesta es que sí. Como hemos comentado, es un hecho bien documentado que las mujeres responden mejor que los hombres en pruebas que evalúan la memoria verbal. Y más específicamente, muestran ventaja en lo referente a su memoria episódica, en la que los recuerdos están ligados a contextos temporales y espaciales concretos. Además, la pérdida de este tipo de memoria asociada al envejecimiento normal, sin ninguna enfermedad que lo provoque, es más pronunciada en hombres que en mujeres. En particular, existen notables diferencias en un tipo de memoria episódica: la memoria autobiográfica. De promedio, las mujeres son capaces de recordar con un mayor grado de detalle, de recordar más acontecimientos y de recuperar más rápidamente la información. También presentan mejores resultados cuando se enfrentan a pruebas de memoria semántica (conocimientos generales), aunque eso podría deberse a su mayor mayor capacidad para desarrollar un lenguaje espontáneo y fluido. Las mujeres, asimismo, reconocen más y mejor las caras, especialmente las de otras mujeres, recuerdan mejor las fechas de los acontecimientos pasados y describen posibles hechos futuros con mayor grado de detalle, porque, como veremos más adelante, la capacidad de imaginar el futuro está muy relacionada con la memoria. Por otro lado, para los hombres resultan mucho más fáciles las tareas relacionadas con la memoria visual, aunque en las que precisan la localización de objetos concretos en el espacio las mujeres tienen más habilidad.

¿POR QUÉ TAMBIÉN EN ESTO SOMOS DIFERENTES?

Las diferencias que podemos observar entre la memoria de hombres y mujeres no tienen una explicación sencilla, porque factores biológicos, sociales y culturales influyen sobre nuestro comportamiento, sobre todo en sociedades tan complejas como esta en la que nos ha tocado vivir. Desde los efectos que provoca la exposición del cerebro de los bebés a hormonas sexuales durante el embarazo y en fases posteriores del crecimiento, hasta la educación durante la infancia, el entorno familiar o el conjunto de convicciones y reglas que nos hemos dado para convivir, todo acaba condicionando nuestra conducta. Sin embargo, sí podemos aislar algunos factores que pueden explicar, por lo menos en parte, estas diferencias.

El potencial efecto de las hormonas sexuales en la memoria es un candidato evidente para explicar las desigualdades asociadas al sexo debido al papel fundamental que ya juegan para marcar diferencias a múltiples niveles. Desde esta perspectiva, las ventajas del sexo femenino en cuanto a la memoria episódica podrían tener relación con un supuesto efecto beneficioso de un tipo de hormonas sexuales femeninas: los estrógenos. Sin embargo, se desconoce el mecanismo por el que estos ejercerían este hipotético efecto sobre la memoria de las mujeres. Además, la superioridad femenina en tareas de memoria episódica también se ha observado en niñas en edad preescolar, un momento del desarrollo en que estas hormonas tienen menos importancia.

Por eso creemos que deben existir otros mecanismos, más allá de las hormonas, que justifiquen la mejor memoria episódica de las mujeres.

Tal y como hemos visto, las emociones influyen notablemente en nuestra capacidad de aprender nueva información y de recuperarla después. Ya sabemos, también, que al evocar recuerdos las mujeres tienden a usar con más frecuencia palabras con carga emocional. Por otro lado, algunos estudios sugieren que ellas reaccionan más que los hombres a los estímulos emocionales. Si vemos todas estas observaciones como un conjunto, no sería aventurado pensar que la mayor respuesta emocional de las mujeres les permite codificar mejor las experiencias y recordarlas luego con más grado de detalle. De todas formas, su mayor capacidad para evocar detalles de recuerdos autobiográficos no se limita solo a la información emocional. También se extiende a recuerdos emocionalmente neutros. De nuevo, además del factor emocional, la ventaja de las mujeres en cuanto a su memoria episódica tiene que explicarse necesariamente gracias a otros factores.

Hay algo que no puede perderse de vista para explicar las diferencias de memoria entre hombres y mujeres: la influencia de factores sociales y culturales. Sobre ella, la psicóloga estadounidense Robyn Fivush hizo un estudio muy interesante en 2003. Pidió la colaboración de setenta madres para que explicaran a sus hijos e hijas tres experiencias negativas. A la psicóloga le interesaba, sobre todo, ver de qué forma las narraban, cómo se comunicaban con sus hijas y cómo lo hacían con sus hijos. Descubrió que cuando las madres hablaban con las niñas, daban muchos detalles sobre esas experiencias y hacían más valoraciones sobre ellas. En cambio, cuando se comunicaban con sus hijos, los detalles y las valoraciones eran menos. Eso, según Fivush, podía contribuir a que niños y niñas percibieran de diferente modo las experiencias del pasado, algo que podía acabar influyendo en el funcionamiento de sus memorias autobiográficas.

LAS MUJERES, ¿MÁS VULNERABLES AL ALZHÉIMER?

Que con la edad tengamos menos memoria es un fenómeno fisiológico. Es decir, aunque no padezcamos ninguna enfermedad que afecte a nuestro cerebro, nos ocurre a todos de forma absolutamente normal. Como hemos explicado, aun estando sanos, la pérdida de memoria es más acusada en los hombres. ¿Sucede lo mismo cuando ese declive se acelera debido a una enfermedad?

La enfermedad de Alzheimer es la principal causa de demencia en nuestra sociedad. Seguro que sabrás que se caracteriza por una pérdida progresiva de la memoria, entre otras alteraciones del conocimiento y de la conducta, porque es una enfermedad devastadora que aparece con frecuencia en los medios de comunicación y porque, lamentablemente, ya muchos de nosotros conocemos a alguien que la sufre o que tiene un familiar que la padece. Pues entre las personas a las que actualmente se les ha diagnosticado alzhéimer, la proporción de mujeres es mayor que la de hombres. De hecho, algunos estudios sugieren que el riesgo de desarrollar la enfermedad de Alzheimer a lo largo de la vida es el doble en las mujeres que en los hombres. La mayor expectativa de vida en las mujeres podría llevarnos a justificar esta diferencia, porque cuanto más tiempo vivimos, más probabilidades tenemos de desarrollar enfermedades, pero tras muchos años de estudio estamos seguros de que este hecho no basta para explicar la diferencia de riesgo observada entre hombres y mujeres. Podrían existir otros factores que hiciesen a las mujeres más vulnerables a padecerla. ¿Cuáles son?:

- **Las enfermedades cardiovasculares**, como la hipertensión, el colesterol alto o la diabetes, aumentan el riesgo de desarrollar la enfermedad de Alzheimer. A pesar de que son más frecuentes en los hombres, algunos datos apuntan a que el efecto negativo que provocan en el cerebro es mayor en las mujeres y que eso podría contribuir a incrementar su riesgo a padecer alzhéimer.
- **La depresión** es un factor que incrementa el riesgo de igual modo en ambos sexos, pero es más frecuente en las mujeres. Con el hecho de haber tenido un menor acceso a la educación ocurre lo mismo y, aunque en las últimas décadas se han adoptado políticas para favorecer un acceso equitativo a la educación, históricamente las mujeres han sido discriminadas en ese sentido.
- **El papel de cuidadoras.** Otro elemento importante a tener en cuenta es el hecho de que tradicionalmente, aun hoy día y de forma generalizada, los cuidados de personas dependientes recaen con mayor frecuencia sobre las mujeres. Incluso comparando a hombres y mujeres que se definen como cuidadores o cuidadoras, la carga asociada al desempeño de este papel es claramente superior en ellas. Hacerse cargo de los cuidados de una persona en situación de dependencia es una actividad muy exigente y estresante que se asocia a mayores niveles de cortisol en sangre y a una mayor frecuencia de episodios de ansiedad y depresión. Y eso puede repercutir negativamente en funciones como la atención y la memoria, dejando a nuestro cerebro indefenso ante un posible deterioro.
- **Las hormonas.** De la misma manera que las hormonas sexuales femeninas podrían potenciar la función de la memoria episódica, es posible que durante la menopausia el descenso en los niveles de una hormona llamada estradiol

provoque un declive en la memoria verbal que se mantiene incluso tras haber superado esta etapa. Eso podría generar una situación de mayor vulnerabilidad para padecer enfermedades que afecten a la memoria. También se ha especulado sobre la influencia del número de embarazos a lo largo de la vida como factor de riesgo para sufrir la enfermedad de Alzheimer. Sin embargo, aunque hay datos que apuntan a que esa relación existe, los resultados de diferentes estudios son contradictorios y aún no está claro si el embarazo es un factor de riesgo o más bien protege de cara a desarrollar esta enfermedad.

Después de leer todo lo anterior, seguro que estás de acuerdo conmigo en que entender los mecanismos que explican las diferencias entre sexos con respecto a funciones como la memoria no es solo una cuestión de curiosidad científica. Todos los profesionales implicados en el estudio del cerebro y la salud mental lo consideramos una prioridad dentro del campo de la investigación. Porque solo si descubrimos las bases biológicas, sociales y culturales de esas diferencias podremos mejorar el conocimiento de numerosas enfermedades que afectan al cerebro y desarrollar estrategias terapéuticas y tratamientos más efectivos para combatirlas.

7

FALLOS DE MEMORIA NECESARIOS PARA VIVIR

Los humanos nos apoyamos en la memoria para navegar a través de nuestras vidas cotidianas. Necesitamos la memoria para acordarnos de quiénes somos, dónde vivimos, qué tareas tenemos pendientes, cuándo tenemos la próxima cita con el médico, de cuánto dinero disponemos en la cuenta corriente, cuándo es el cumpleaños de amigos y familiares, o de qué estuvimos hablando en nuestra última conversación. La memoria pone a nuestra disposición un banco virtualmente infinito de experiencias y conocimientos que podemos recuperar a voluntad. Sin embargo, ¿cuántos de estos datos almacenados en nuestro cerebro representan de forma fidedigna la realidad? ¿Hasta qué punto nuestros recuerdos representan realmente las experiencias vividas? ¿Es posible que en nuestros recuerdos se hayan colado elementos erróneos? Todos, en algún momento, nos topamos con evidencias que ponen de manifiesto incoherencias en nuestros recuerdos. Quizá te reconozcas en las siguientes frases: «Yo hubiera dicho que aquello ocurrió de tal forma» o «¿Estás seguro de que fue así? Yo lo recuerdo de otra manera». ¿Son estos fallos de memoria errores de diseño en nuestro cerebro? Los hallazgos tras décadas de estudio de este tipo de fenómenos sugieren que este tipo de errores, más que fallos de memoria, son consecuencias naturales y necesarias derivadas de los mecanismos que sustentan nuestra memoria.

EL CEREBRO «SE INVENTA» LA REALIDAD

Antes de adentrarnos en el porqué de este tipo de fallos de la memoria, será muy clarificador ver cómo nuestro cerebro percibe la realidad. Para cada uno de nosotros, la mayor evidencia de algo es experimentarlo en primera persona. De hecho, cuando queremos enfatizar que algo es verdad, decimos que «lo hemos visto con nuestros propios ojos». La importancia de apreciar algo con nuestros sentidos llega hasta tal extremo que frecuentemente las acusaciones y las defensas en un juicio se basan en el hecho de que un testigo haya visto u oído alguna cosa y sus percepciones pueden acabar decidiendo que una persona entre o no en la cárcel. Asumimos que existe un estrecho vínculo entre lo que percibimos y lo que realmente existe. ¿Hasta qué punto esta realidad subjetiva, la que percibimos cada uno de nosotros, se corresponde con la realidad objetiva, lo que de verdad ocurre? Evidentemente, lo que percibimos refleja de alguna manera la realidad existente. ¿Pero sabías que la información que recibe tu cerebro a través de los sentidos es una representación fragmentada de la misma? Por ejemplo, nuestros oídos son capaces de procesar una banda de frecuencias entre 16 Hz y 20 kHz aproximadamente. Todo lo que queda fuera de ahí no existe para nosotros. Por otro lado, a menudo comparamos nuestra visión con una cámara, pero las cámaras reproducen las diferentes intensidades de luz y el proceso mediante el cual capturan una imagen es pasivo. En cambio, nuestra percepción visual es un proceso constructivo. El cerebro va distinguiendo formas, colores, planos, movimientos, etc., y luego los integra en una única escena utilizando para ello los conocimientos previos que tenemos sobre el mundo que nos rodea. Es decir, el cerebro construye nuestra percepción a partir de los fragmentos de información que extrae del mundo real y, en ocasiones, debe rellenarla de la forma más coherente posible basándose en conocimientos previos. Hagamos un experimento para comprobarlo. Mira la figura 16.

Figura 16

Fuente: elaboración propia.

Fija la vista en la cruz a unos 20 centímetros de distancia. Luego, tapa con una mano el ojo izquierdo. Desplaza la cabeza suavemente de derecha a izquierda y retírate hacia atrás hasta que el círculo desaparezca. ¿Por qué ya no está el punto negro? Porque más o menos en el centro de la retina tenemos un punto ciego en el que no hay fotorreceptores y no podemos ver nada (figura 17).

Al mirar con los dos ojos, lo que hace el cerebro es compensar la falta de información de uno de ellos con la información del otro, y viceversa. ¿Pero por qué al taparnos el ojo izquierdo seguimos viendo un fondo blanco donde estaba el círculo negro? Si en esa zona de la retina no hay fotorreceptores y no llega ningún tipo de información, no deberíamos ver nada, solo oscuridad. De hecho, si repitiésemos el mismo experimento con un fondo de otro color (por ejemplo, amarillo), observaríamos que, al tapar el ojo izquierdo, la zona donde desaparece el círculo negro sería sustituida por un fondo amarillo. ¿Qué nos dice este experimento? Básicamente, que nuestro cerebro rellena la falta de información del punto ciego de la retina con la información que le parece que se aproxima más a la realidad. Cuando mirabas la imagen con los dos ojos le ha llegado la información de que el fondo es blanco y aunque no lo veas al taparte uno, el cerebro ya ha decidido que seguramente es blanco y así lo ves. Podríamos decir que no le gustan las inconsistencias, de manera que, ante la duda, trata de acomodar nuestra percepción a lo que le parece que encaja mejor con la información inicial que tiene.

Figura 17

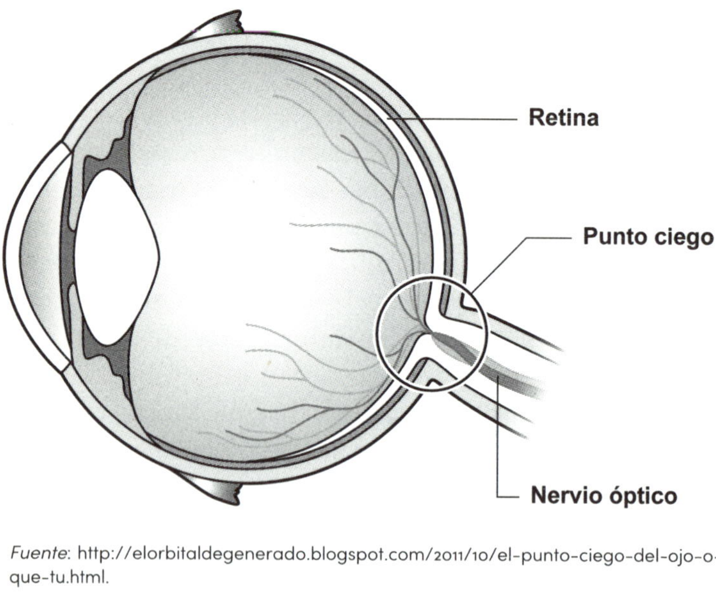

Fuente: http://elorbitaldegenerado.blogspot.com/2011/10/el-punto-ciego-del-ojo-o-lo-que-tu.html.

De la misma forma que la percepción es un proceso constructivo, los investigadores estadounidenses Daniel Bernstein y Elizabeth Loftus afirman que «toda memoria es en cierto grado falsa y es el resultado de un proceso reconstructivo en el cual juntamos piezas del pasado para formar una narrativa coherente que acaba convirtiéndose en nuestra autobiografía». Consideran que, en este proceso de reconstrucción, modelamos las experiencias de nuestra vida a partir de nuestros conocimientos previos sobre el mundo. Podríamos decir que nuestro cerebro añade la información necesaria o moldea los datos disponibles sobre experiencias pasadas para que el resultado sea coherente con nuestra forma de entender el mundo.

LA MEMORIA «FALLA» PREMEDITADAMENTE

Daniel Schacter, un psicólogo de la Universidad de Harvard que ha dedicado gran parte de su carrera a investigar los falsos recuerdos, ha propuesto una lista con lo que él llama los «siete pecados de la memoria», la cual recoge los fallos más frecuentes de la misma. Tres de esos «pecados» son responsables de la pérdida de información: la transciencia (pérdida de retención con el paso del tiempo), la mente ausente (incapacidad para retener nueva información debido a una falta de atención) y el bloqueo (la incapacidad que tenemos en momentos puntuales para recuperar información que se encuentra disponible en nuestra memoria). Por otro lado, existen otros tres fallos relacionados con distorsiones o inexactitudes en nuestros recuerdos: la falsedad de atribución (el recuerdo es atribuido a un contexto o sujeto erróneos), la sugestibilidad (tendencia a incorporar información proporcionada por terceras personas a nuestros recuerdos) y el sesgo (la influencia de creencias y conocimientos preexistentes al codificar y recuperar información). El último de los pecados, la persistencia, hace referencia a la incapacidad para borrar de nuestra memoria determinados recuerdos que preferiríamos olvidar. Schacter sostiene que algunos de estos «pecados», lejos de ser errores de diseño de nuestro cerebro, son mecanismos necesarios para que la memoria realice su función de forma eficiente. ¿Y cómo va a hacerlo si falla? En realidad, es como si fallara adrede. Hay que tener en cuenta que el objetivo final de la memoria no es reflejar de la forma más fiel posible la realidad. La memoria es un instrumento modelado por millones de años de evolución para adaptarnos mejor a nuestro entorno.

¿Qué ventajas tienen entonces esos fallos calculados en el diseño de nuestra memoria? Uno de los que mejor se han estudiado son los falsos reconocimientos, ampliamente analizados a través de un tipo de experimento conocido como el paradigma DRM. Consiste en presentar una lista de palabras (*descanso*, *cama*, *despertar*, *sueño*, etc.) relacionadas con la palabra *dormir* (llamada «palabra crítica»), que no está incluida en la lista. Al pedir a las personas que participan en el experimento que digan todas las palabras que recuerdan de la lista, suelen mencionar *dormir*, que curiosamente no está en ella. Es más, aproximadamente la mitad de los participantes afirma categóricamente que ha escuchado al examinador decir la palabra *dormir*, a pesar de que eso no haya sucedido. Este experimento sirve para ver cómo se crean falsos recuerdos. Al recitar el listado de palabras, los participantes en el experimento procesan detalles concretos (las palabras exactas de la lista), pero también un tipo de información más abstracta (la relación que hay entre ellas). De este modo, captan la información global y la esencia del conjunto de palabras. Que se cree el falso recuerdo de la palabra *dormir* es consecuencia de ese proceso que nos permite integrar las palabras sueltas en una idea general y más amplia. Los falsos reconocimientos nos ayudan a estructurar la información, facilitándonos su posterior recuperación. En consecuencia, la creación de los falsos recuerdos puede considerarse un mal menor en beneficio de una mayor capacidad de abstracción y generalización que nos permite captar la esencia de la información que recibimos. Los fallos de memoria también reflejan su buen funcionamiento, ya que se dan menos en pacientes con ciertas amnesias fruto de ciertas lesiones en el cerebro. No tenerlos se asocia a un deterioro de la memoria.

Otra evidencia a favor de las ventajas de los falsos recuerdos la aportaron el investigador Mark Howe y su equipo de la Universidad de Lancaster (Reino Unido). A un grupo de personas se les realizó el experimento del paradigma DRM, con su propio listado de palabras, y luego se les propuso resolver un problema relacionado con la palabra crítica que no estaba en la lista. Los investigadores constataron que los participantes que generaban falsos recuerdos eran capaces de resolver mejor el problema que les planteaban después. De este modo, se demostró que los falsos recuerdos tienen un efecto beneficioso en determinados procesos cognitivos, como la resolución de problemas.

También podríamos pensar que es un fallo de la memoria que seamos incapaces de olvidar las malas experiencias que vivimos. ¿Por qué se empeña la memoria en recordarnos cosas que nos hacen daño? No olvidar los malos momentos y que su recuerdo negativo persista en el tiempo también tiene su razón de ser desde una perspectiva evolutiva: el recuerdo claro de experiencias traumáticas nos resulta útil para ponernos en alerta cuando en el futuro reconocemos elementos de ese tipo de experiencias. Gracias a eso, podemos anticipar una respuesta que nos permita afrontar mejor el peligro. A pesar de sus bondades, este mecanismo de adaptación tiene como contrapartida la recreación involuntaria de experiencias que preferiríamos olvidar porque sufrimos al recordarlas.

Por último, cuando explicamos cómo funciona la memoria, a veces podemos caer en la trampa de comparar el cerebro con una especie de *tabula rasa*, una pizarra en blanco donde los recuerdos se graban por primera vez. Otra vez la realidad es más compleja. Los nuevos recuerdos que creamos deben acomodarse en una complicada red de conocimientos que ya existen. Eso supone que los recuerdos que ya se han fijado o consolidado hace tiempo pueden llegar a modificarse para incorporar la nueva información. Los recuerdos se graban con el paso del tiempo en nuestro cerebro mediante un proceso conocido como «consolidación», a través del cual nuestra memoria declarativa, que hace referencia a los acontecimientos de nuestra vida y a nuestros conocimientos generales, se va asentando en redes neuronales de la corteza cerebral (materia gris). La consolidación se produce gracias a la reactivación de esas redes neuronales. En la actualidad sabemos que, al reactivarse, los recuerdos pueden ser modificados para incorporar nueva información sobre un suceso antiguo que complementa la que ya habíamos registrado en el pasado. Este proceso, la reconsolidación, puede favorecer y potenciar la aparición de falsos recuerdos. Y al igual que la consolidación, en gran medida depende de cambios que tienen lugar mientras dormimos y que permiten que modifiquemos nuestros recuerdos para actualizarlos con nueva información.

LA MEMORIA PUEDE PREDECIR EL FUTURO

Aparentemente, la memoria, la imaginación y la capacidad de predecir el futuro no tienen nada en común. Sin embargo, quienes buceamos en el intrincado universo del cerebro cada vez estamos más convencidos de que son capacidades que comparten estructuras neuronales. Como dijo el investigador

Thomas Suddendorf, experto en psicología evolutiva, «es la predicción precisa del futuro, más que el recuerdo preciso del pasado, lo que confiere una ventaja evolutiva». En otras palabras, no hay que perder de vista que la función básica de la memoria es dotarnos de un sistema que nos permita predecir y anticipar escenarios futuros. Es la clave de nuestra supervivencia. Desde esta óptica, resulta natural preguntarse si las estructuras que participan en la memoria también están implicadas en la capacidad de imaginar el futuro. ¿Sucede así realmente? Estudios en pacientes con trastornos amnésicos han mostrado que personas con un daño extenso en el hipocampo y en regiones próximas presentan dificultades llamativas para imaginar su futuro. Por ejemplo, tienden a ofrecer respuestas muy vagas cuando se les pregunta sobre sus planes para el día siguiente o qué querrían hacer en años sucesivos. Gracias a estos pacientes, se cree desde hace tiempo que el hipocampo, además de ser una estructura fundamental para aprender nueva información y recordar, también puede tener un papel relevante en nuestra capacidad de imaginar el futuro.

En 2007 se publicaron simultáneamente varios estudios que abordaban esta idea. Por un lado, investigadores del University College de Londres estudiaron a personas que tenían lesiones que afectaban al hipocampo para ver cómo influían en su capacidad de imaginar. Descubrieron que sus pacientes eran incapaces de inventarse escenas ficticias que no tuviesen algún tipo de contexto temporal y que tampoco podían imaginar acontecimientos futuros en los que estuviesen involucrados de alguna forma. El mismo año, otras dos investigaciones mostraron que cuando recordamos experiencias pasadas y cuando imaginamos posibles escenarios de futuro se activan parecidas regiones del cerebro, entre ellas el hipocampo.

La ciencia sigue buscando explicaciones para aclarar la asociación entre la memoria y la capacidad de imaginar el futuro. Algunos investigadores afirman que la memoria episódica, donde guardamos los recuerdos de nuestra historia personal, y el pensamiento sobre el futuro dependen de las mismas estructuras del cerebro porque ambos son procesos constructivos y que la función principal de la memoria episódica es disponer de la información necesaria para simular posibles escenarios futuros. Otros proponen que la actividad del hipocampo hace posible la construcción mental de escenarios futuros que se van completando con detalles de hechos reales o imaginados. Aunque hoy en día siguen quedando muchas respuestas en el aire sobre la relación entre memoria, imaginación y pensamiento sobre el futuro, la investigación está ayudándonos a ensanchar nuestra visión respecto al concepto clásico de la memoria y al papel del hipocampo en los procesos de aprender y recordar.

Quizá después de leer este capítulo confíes menos en tu memoria. No lo hagas. Piensa que muchos de tus fallos de memoria son insignificantes peajes que tienes que pagar para disponer de una memoria impresionantemente flexible. Nuestro cerebro dista mucho de ser una computadora que almacena la información de forma precisa e inalterable, pero también rígida. Una computadora no va adaptando su memoria a los nuevos conocimientos que va adquiriendo y, a medida que almacena más y más datos, tiene mayor dificultad para extraer la esencia de la información que guarda. Eso es algo que nuestro cerebro realiza sin que ni siquiera nos demos cuenta.

8

EL FENÓMENO DE LA MEMORIA COLECTIVA

Somos animales sociales. Más allá de pertenecer a una comunidad nacional o étnica, formamos parte de diversos colectivos: comunidades religiosas, tribus urbanas, partidos políticos, clubs de equipos deportivos, familias... Y en cada comunidad, compartimos recuerdos y conocimientos. Este tipo de información compartida, que sirve para construir la identidad de grupo, es lo que conocemos como memoria colectiva. Y no solo moldea la identidad, sino que también influye en sus acciones. Veamos un ejemplo. Los recuerdos o conocimientos colectivos, por ejemplo, sobre crímenes de regímenes totalitarios como el nazismo o el franquismo son ejemplos dramáticos de ello y aún hoy en día, ochenta años después, somos testigos de los debates y controversias que generan estos casos de memoria colectiva en nuestra sociedad. Los recuerdos asociados a estos episodios van más allá de sus protagonistas directos y son transmitidos entre personas de una misma generación y entre personas de diferentes generaciones. El poso de recuerdos y conocimientos que un hecho histórico deja en una sociedad refleja el punto de vista mayoritario de esa sociedad, aunque no por ser mayoritario es objetivo, ya que está sujeto a sesgos e interpretaciones. Por lo tanto, no hay que confundir la memoria colectiva con los hechos históricos. La primera refleja un punto de vista que, a pesar de ser compartido por miles o millones de personas y de partir de elementos basados en experiencias reales, no deja de ser subjetivo. La historia, entendida como disciplina académica, pretende reflejar de la manera más objetiva posible un determinado suceso, comparando e integrando todos los puntos de vista necesarios para ello.

El concepto de memoria colectiva fue creado hace más de noventa años por el filósofo y sociólogo francés Maurice Halbwachs. Desde entonces, ha sido ampliamente analizado por la sociología. Más recientemente, desde la psicología también se han empezado a abordar los procesos que llevan a la formación de la memoria colectiva, aplicando los conocimientos que tenemos sobre la memoria individual a nivel de grupo. Algunos expertos en la materia ya entienden la memoria colectiva como una especie de extensión de la mente individual.

LA MEMORIA ESCRIBE LA HISTORIA

Aunque la memoria colectiva puede entenderse desde diferentes perspectivas —desde los recuerdos compartidos por los miembros de una familia hasta el conjunto de símbolos y conocimientos que configuran la identidad de una sociedad—, una de sus dimensiones más estudiadas es la de las representaciones sociales de la historia. La teoría de la representación social analiza cómo los grupos sociales construyen su historia y cómo esa representación de la historia define y moldea el comportamiento colectivo. Para esta teoría, las representaciones sociales de la historia cumplen tres objetivos: a) gestionar los conflictos entre comunidades, estableciendo las bases para identificar los potenciales aliados y enemigos del grupo; b) construir la identidad social, por ejemplo a través de recuerdos que potencian los episodios positivos para incrementar el sentimiento de pertenencia a una comunidad y omiten los capítulos negativos que provocan sentimientos de culpa; y c) aprender a tomar nota de las lecciones del pasado para evitar errores en el futuro.

La teoría de la representación social también señala que a partir de la memoria colectiva se crean narrativas históricas, como novelas de gran éxito, con sus héroes y sus villanos, y en las que lo más importante no es que los hechos sean reales, sino que sean creíbles, que parezcan factibles. Por eso es posible que dos colectivos que hayan vivido el mismo acontecimiento histórico puedan tener visiones diferentes: tienen distintas narrativas históricas sobre él. Por otro lado, también es habitual que en la memoria histórica colectiva abunden los episodios marcados por acontecimientos violentos, como las guerras, mientras que otros hechos históricos que probablemente han tenido un mayor impacto en nuestras vidas (avances científicos, médicos, tecnológicos o factores económicos) a menudo tienen menos peso en la memoria colectiva. Además, solo tienes que fijarte un poco en las noticias de cada día para observar que las élites políticas y económicas de un país a menudo utilizan elementos históricos y simbólicos que, gracias a una comunicación apropiada, pueden ser convenientemente transformados en elementos que legitimen sus discursos e influyan en la opinión pública. Así se aseguran de que aceptemos las decisiones que toman.

A nivel individual, la forma en que retenemos y olvidamos la información de los acontecimientos guardados en la memoria colectiva es similar a la que utiliza la memoria episódica para grabar nuestras vivencias personales. Además, los recuerdos de la memoria colectiva apuntalan nuestra memoria episódica, incluso cuando tenemos información objetiva que los desmiente. Un ejemplo muy clarificador en este sentido lo encontramos en los recuerdos generados durante la invasión de Irak por parte de Estados Unidos y otros países en 2003. Si viviste aquel momento, seguro que oíste que los dirigentes que promovieron la invasión afirmaban hasta la saciedad que invadían Irak porque poseía peligrosas armas de destrucción masiva. Este mensaje fue publicado infinitas veces por los medios de comunicación antes y después de la invasión, y estuvo plagado de correcciones y desmentidos, porque nunca se pudo demostrar que Irak tuviera armas de destrucción masiva. De hecho, nunca se encontraron. Sin embargo, la publicación de información que desmentía con datos objetivos su existencia no fue suficiente para evitar que las falsas creencias sobre este asunto arraigasen en parte de la sociedad. Con respecto a este tema, el psicólogo australiano Stephan Lewandowsky quiso comprobar cómo afectaba la corrección de la información de los hechos falsos a la memoria y las creencias de personas de dos países que participaron en la invasión (Estados Unidos y Australia), y de personas de un país que se opuso a la guerra (Alemania). Los resultados del estudio mostraron que los participantes estadounidenses eran los más reticentes a corregir los datos desmentidos por pruebas objetivas, mientras que los participantes de los otros dos países estaban más predispuestos a modificar sus creencias. Estos hallazgos sugieren que el marco mental, en parte forjado por los respectivos gobiernos y medios de comunicación de cada país, influye en cómo las representaciones sociales se actualizan al disponer de nueva información. Según el país del que procedas y las fuentes de información a las que acudas, tienes mayor o menor predisposición a modificar tus convicciones en torno a falsas creencias.

HABLANDO SE ENTIENDEN LAS MEMORIAS

Hasta ahora hemos hablado de las características y funciones de la memoria colectiva. Pero ¿cómo se forman los recuerdos colectivos? Para responder a esta pregunta hay que adoptar una perspectiva diferente, ir de lo concreto a lo general, de lo pequeño a lo grande. Los seres humanos compartimos nuestros recuerdos. Se hizo un estudio en el que se pidió a estudiantes que anotasen en un diario si habían explicado lo que les había ocurrido durante el día a otras personas. ¡Los participantes habían compartido hasta un 62 % de sus recuerdos cotidianos! ¿Qué consecuencias tiene en nuestra memoria compartir nuestros recuerdos o conocimientos en una conversación con otras personas? Como todo en la vida, hay ventajas e inconvenientes, beneficios y costes.

El ejercicio de recordar una información a menudo es más eficaz si se realiza en grupo, porque si las personas colaboran adecuadamente, pueden completar entre todas la información que a nivel individual no serían capaces de rememorar. No obstante, ese trabajo de colaboración no siempre tiene un resultado óptimo. Hay mecanismos propios del trabajo en equipo que pueden mermar la capacidad para recordar como grupo. A lo largo de mis años de experiencia, he podido comprobar que las personas tienden más a retraerse en sesiones de grupo que si son evaluadas en solitario. Al margen de que cada uno de nosotros tiene su propio carácter y puede ser más o menos extrovertido, cada persona utiliza estrategias diferentes para recordar y cuando se trabaja en grupo las de unos pueden interferir en las de otros, impidiéndoles o dificultándoles la recuperación de sus recuerdos.

Otro fenómeno que distorsiona los recuerdos cuando son compartidos es el hecho de que las personas explican sus recuerdos o conocimientos en función de sus interlocutores, el contexto social y la finalidad de la comunicación. No es lo mismo la forma de explicar un acontecimiento si estamos testificando frente a un jurado que si estamos relatando el mismo suceso a un grupo de amigos en un bar. En el primer caso, trataremos de exponer los hechos de manera ordenada y estructurada para retratar de la manera más fiel posible lo sucedido, puesto que la finalidad de la comunicación es aclararlo. En el segundo caso, esa finalidad podría ser el simple entretenimiento y por eso podemos modificar el relato para captar la atención y generar sorpresa en nuestros amigos, aunque para ello tengamos que simplificar, desestructurar o, directamente, manipular la información. En resumen, la manera de recordar es diferente si estamos solos o en grupo, y también varía según el contexto y los receptores del mensaje.

Además, no debemos olvidar que después de conversar con alguien y compartir recuerdos y experiencias, es probable que hayamos modificado la memoria de la persona con quien hablamos o la nuestra. Lo que decimos u omitimos en una conversación puede modificar el punto de vista de otra persona sobre una determinada información, y viceversa. Cuando en una conversación damos nuevos datos, incluso falsos, es posible que implantemos esa información en quien nos escucha. De esta forma, ciertas creencias o puntos de vista pueden propagarse a través de los miembros de una comunidad gracias a los numerosos contactos entre estos. Este fenómeno se conoce como contagio social. De hecho, los efectos que las conversaciones pueden tener sobre la memoria dependen de la relación social existente entre las personas implicadas en ella y esos efectos son más potentes cuando ambas pertenecen a un mismo grupo social.

La ciencia también ha comprobado que cuando recordamos un determinado acontecimiento con otra persona es probable que el recuerdo que tengamos ambos se parezca más después de mantener la conversación que antes. Y este efecto es básico para la generación de la memoria colectiva. A medida que una información se va transmitiendo a través de los miembros de una comunidad, los recuerdos o conocimientos individuales, que eran inicialmente más dispares, van transformándose hasta coincidir y, a largo plazo, cristalizar en una memoria colectiva. Esto aporta un punto de vista diferente al concepto que habitualmente tenemos de la memoria, que pasaría de ser simplemente un instrumento diseñado para satisfacer nuestras necesidades individuales a convertirse en un elemento clave que regula nuestros comportamientos sociales.

LAS PELIGROSAS *FAKE NEWS*

Hemos visto que la conversación y su efecto sobre nuestra memoria son un vehículo de transmisión a través del cual acaba tomando forma la memoria colectiva, pero a lo largo de las últimas décadas, y sobre todo en los últimos años, ha cambiado radicalmente nuestra forma de comunicarnos. En el siglo XX, la radio y la televisión supusieron puntos de inflexión en la historia de la comunicación humana. Hicieron posible que se difundieran innumerables mensajes a millones de personas simultáneamente. En el siglo XXI, internet y las redes sociales son las grandes protagonistas de la comunicación, aunque todavía es pronto para hacerse una idea de cómo su impacto ha modificado y continúa cambiando la manera en que nos relacionamos. Son herramientas que nos permiten compartir nuestra memoria con otras personas en un formato hasta ahora desconocido y han modificado enormemente la manera en que nos enteramos y nos mantenemos informados de nuevos acontecimientos a escala individual y colectiva. En este sentido, Twitter, Facebook, WhatsApp o Instagram, por citar algunas de las redes sociales más conocidas, están contribuyendo a estrechar cada vez más la distancia entre la memoria individual y la colectiva. La irrupción de internet, que nos ofrece acceso a un contenido virtualmente ilimitado de información, sin duda está cambiando y cambiará la forma en que procesamos y recordamos la información.

Internet, además, nos ofrece la oportunidad de estudiar cómo se forma la memoria colectiva en tiempo real. Recientemente, un equipo de investigadores de la Universidad de Oxford usó el registro de la actividad generada en Wikipedia (la mayor enciclopedia en línea del mundo) para estudiar cómo se comportaban los internautas ante el conocimiento de noticias de accidentes de aviación. Vieron que los accidentes aéreos provocan que los usuarios de Internet busquen otros accidentes aéreos similares ocurridos con anterioridad, posiblemente para entender mejor qué pudo suceder. La importancia de este estudio está en que mostró, a partir de la actividad real de los usuarios de Internet, qué dinámicas se esconden tras la formación de los recuerdos colectivos.

Internet y las redes sociales nos permiten mantenernos informados en tiempo real sobre cualquier acontecimiento y comunicarnos de forma rápida y eficaz con familiares y amigos. Sin embargo, estas nuevas tecnologías también han mostrado su lado oscuro. La capacidad de este tipo de redes para difundir información sin contrastar o directamente falsa, las famosas *fake news* («noticias falsas»), y su capacidad para modificar creencias a escala individual y grupal se ha puesto de manifiesto en procesos electorales recientes en los que este tipo de estrategia de intoxicación informativa podría haber influido en la elección de algunos líderes políticos.

Es importante recordar que la presión social o la influencia de otras personas puede ser suficiente para hacernos cambiar de opinión, tanto que podemos sustituir una creencia verdadera por otra falsa. Micah Edelson y su equipo de investigadores de la Universidad de Zúrich demostraron estos efectos. Mostraron un documental a un grupo de treinta voluntarios, que lo visionaron en grupos de cinco personas. Unos días más tarde, los participantes fueron interrogados en solitario sobre el contenido del documental. Pasaron otros tantos días y los investigadores volvieron a realizarles preguntas sobre el documental, pero esta vez, antes de preguntar, los voluntarios vieron las respuestas que supuestamente habían dado otros miembros de su grupo, falsas en su mayoría. A pesar de haber respondido bien la mayoría de preguntas de la primera sesión, tras escuchar las respuestas falsas ofrecieron muchas veces esas mismas respuestas. Asumieron que lo falso era cierto porque creían que así habían respondido otras personas.

Teniendo en cuenta la capacidad de la presión social para modificar nuestros recuerdos y la facilidad que ofrecen las redes sociales para intercambiar información a nivel individual y grupal, asusta un poco el potencial impacto negativo de las nuevas tecnologías en nuestra memoria a nivel individual y colectivo. No obstante, hay motivos para el optimismo. En otro experimento se investigó si personas que habían registrado como verdadera una idea falsa podían rectificar su creencia si se les ofrecían pruebas que demostraran que la información inicial era mentira. En un 60 % de los casos, los participantes cambiaron de opinión tras desmontar la información falsa. Entre los que no lo hicieron, el grado de confianza en la falsa creencia disminuía.

Así, pues, las nuevas tecnologías son armas de doble filo. Por un lado, compartir de forma libre información entre miembros de una comunidad puede contribuir a construir una sociedad más informada, abierta y democrática. Por otro, abre la puerta a la difusión masiva y deliberada de informaciones erróneas capaces de generar falsas memorias colectivas. Por este motivo, conocer los mecanismos que explican cómo se construye la memoria colectiva puede resultar decisivo para combatir el fenómeno de las *fake news*. Es cierto que algunas personas pueden aprovechar ciertas debilidades de nuestra memoria para crear falsas memorias colectivas y así satisfacer sus intereses, pero la ciencia abre una ventana de esperanza al comprobar que se le puede dar la vuelta a este fenómeno y que contrarrestar las campañas de intoxicación informativa mediante información veraz es la estrategia más adecuada para protegernos como sociedad.

A pesar de todos los posibles peligros, no hay que olvidar que una sana y buena memoria colectiva es muy útil para fortalecer los vínculos entre los miembros de una comunidad y para no repetir errores históricos. Es la mejor herramienta que tenemos para no dar la razón al escritor Aldous Huxley cuando afirmaba que «quizá la única lección que nos enseña la historia es que los seres humanos no aprendemos nada de las lecciones de la historia».

9

LA MEMORIA CAMBIA CON LA EDAD

El cerebro no deja de cambiar a lo largo de nuestra vida. Sin embargo, existen unas etapas muy destacadas del desarrollo en las que los cambios son más importantes. En la mayoría de nosotros, las capacidades físicas van cambiando a medida que maduramos. Nuestro vigor y nuestra independencia son considerablemente mayores durante la juventud y la vida adulta en comparación con la infancia y la vejez, etapas extremas de la vida durante las que somos más vulnerables en diversos sentidos. Si trazamos una curva de «crecimiento» de nuestra memoria (figura 18), podemos ver que los cambios que experimenta con la edad siguen el mismo modelo que nuestras capacidades físicas.

Gracias a todo lo que sabemos en la actualidad, podemos decir que la capacidad para recordar nuestras experiencias diarias (la memoria autobiográfica) empieza a definirse al final de la edad preescolar y no se llega a consolidar hasta la adolescencia o el inicio de la etapa adulta. La memoria para recordar los episodios de nuestras vidas mejora progresivamente a lo largo de la infancia y hasta que alcanzamos la madurez, pero ya en etapas más avanzadas de la vida, esa capacidad para recordar empieza a decaer, incluso en personas sanas que no padecen ninguna dolencia que afecte a su memoria. Podríamos pensar que este declive asociado a la edad es el fenómeno inverso a su desarrollo en la niñez, pero los mecanismos por los que ocurren ambos procesos son radicalmente diferentes. Además, la influencia de nuestro contexto familiar, nuestra educación e, incluso, nuestro trabajo, también inciden tanto en el desarrollo como en los cambios que experimenta nuestra memoria en las diferentes etapas de nuestra vida.

Figura 18

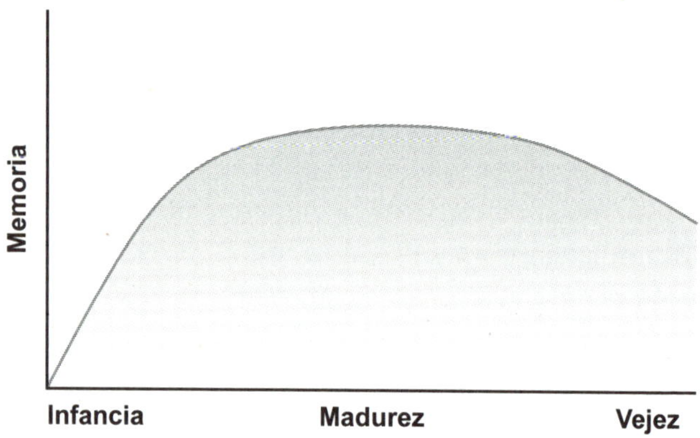

Fuente: elaboración propia.

¿CUÁNDO EMPEZAMOS A RECORDAR?

¿Cuál es tu primer recuerdo? ¿Hasta dónde eres capaz de retroceder en tu propia biografía? La mayoría de adultos somos incapaces de recordar alguna cosa de nuestros primeros años de vida. Este fenómeno se conoce como amnesia de la infancia y ha intrigado durante décadas a quienes nos dedicamos a desentrañar los secretos de la memoria. En los últimos años, sin embargo, diversas investigaciones están empezando a arrojar algo de luz sobre este misterio y han permitido que la comunidad científica se ponga de acuerdo en que los primeros recuerdos que la mayoría de adultos somos capaces de evocar corresponden a episodios ocurridos cuando teníamos tres o cuatro años, incluso un poco antes a veces.

Cuando nacemos, nuestro cerebro pesa aproximadamente entre 350 y 400 gramos aproximadamente, mientras que al llegar a adultos su peso y volumen se multiplica, más o menos, por cuatro. A pesar de esa notabilísima diferencia de tamaño, no hay una gran diferencia entre el número de neuronas que tenemos al nacer y el que tenemos cuando somos adultos. ¿Entonces por qué crece nuestro cerebro? El gran crecimiento que experimenta desde que nacemos hasta que alcanzamos la madurez se debe, sobre todo, al aumento del número de las conexiones que las neuronas de nuestro cerebro establecen entre sí (conexiones sinápticas). Ahora bien, no todas las partes de nuestro cerebro crecen al mismo ritmo, algunas se desarrollan antes y otras más tarde. En concreto, algunas partes del hipocampo, crucial para el funcionamiento de la memoria episódica, y por extensión para nuestra memoria autobiográfica, no alcanzan la madurez hasta que tenemos unos dos años, que es cuando se ha visto que el número de conexiones de sus neuronas alcanza el máximo. Por otra parte, aunque sabemos que el número de nuestras neuronas no varía demasiado desde que nacemos, el hipocampo es una excepción. Su número de neuronas sigue incrementándose hasta estabilizarse a lo largo de la infancia e, incluso, durante la adolescencia o etapas iniciales de la vida adulta. Este desarrollo tardío del hipocampo explica, en parte, que seamos incapaces de acordarnos de cosas que nos ocurrieron con dos o tres años.

El hecho de que no recordemos los primeros años de nuestra vida se debe fundamentalmente a que nuestro cerebro todavía no es lo suficientemente maduro como para generar esos recuerdos. ¿Eso quiere decir que los niños menores de tres años no tienen memoria? En absoluto. Es más, existen pruebas de que nuestra memoria empieza a funcionar incluso antes de nacer. Los investigadores estadounidenses Anthony DeCasper y Melanie Spence demostraron hace más de tres décadas que los recién nacidos prefieren la voz de sus madres a la de otras mujeres. También observaron que si durante el desarrollo dentro del útero exponían a los fetos a un determinado pasaje de un cuento infantil, después los bebés respondían más a ese pasaje que a otros que no habían escuchado. Son evidencias que demuestran que nuestra capacidad de recordar ya está presente, incluso, antes de que nazcamos. Por otro lado, hay estudios que revelan que a los seis meses de vida algunos niños son capaces de recordar cosas sucedidas el día anterior y que a los veinte meses la mayoría ya se acuerda de hechos acontecidos hasta un mes antes. A estas alturas, seguro que te preguntarás qué pasa con nuestros primeros recuerdos, por qué no están guardados en nuestra memoria si disponemos de ella ya en el útero. Lo que sucede es que son recuerdos más débiles que los que formamos los adultos, de manera que la mayoría de ellos no quedan registrados en nuestra memoria a largo plazo.

Pasada la barrera de los dos o tres años, progresivamente vamos incorporando recuerdos cada vez más ricos y duraderos, que van sentando las bases de nuestra memoria autobiográfica. ¿Qué nos ocurre para que eso sea así? En esta etapa se da un avance importantísimo en nuestra vida: hablamos. El progresivo desarrollo de la comunicación verbal nos permite evocar nuestros recuerdos en conversaciones y nos ayuda a ir estructurándolos poco a poco y formando un relato coherente de los episodios del día a día. Este punto es importante porque, como veremos más adelante, la comunicación con nuestros padres y con otras personas durante nuestra infancia influye en nuestra capacidad para recordar esa etapa de nuestras vidas.

Otro aspecto crucial para comprender el desarrollo de la memoria durante nuestros primeros años de vida es la autoconsciencia. La memoria episódica y la memoria autobiográfica (que no deja de ser un caso particular de memoria episódica) forman parte de nuestra memoria a largo plazo y gracias a ellas recordamos la experiencias vividas. El psicólogo ruso Endel Tulving, pionero en la descripción de la memoria episódica, expuso que se basa en dos factores: el primero se refiere a *qué* sucedió, *dónde* sucedió y *cuándo* sucedió; el segundo se corresponde con nuestra consciencia de haber experimentado este acontecimiento y es tan necesario como el primero para tener recuerdos autobiográficos. Es decir, que para tener memoria autobiográfica no basta con recordar *cuándo y cómo han sucedido qué cosas*, sino que además hay que tener consciencia de que *esas cosas me han sucedido a mí*. La mayoría de especies animales tienen algún tipo de memoria episódica que les permite recordar cosas sucedidas en el pasado (por ejemplo, dónde está su madriguera o dónde han encontrado comida en otras ocasiones), pero únicamente los seres humanos somos claramente conscientes de que hemos experimentado determinados sucesos. Solo nosotros tenemos autoconsciencia de este suceso, aunque algunos controvertidos estudios apuntan a la posible existencia de algún tipo de esta en otros primates y en otras especies de mamíferos y aves. En definitiva, la memoria autobiográfica nos permite tener consciencia de nuestro *yo* presente, pasado y futuro, pero esta capacidad no existe desde que nacemos, sino que se desarrolla durante los primeros años de vida.

Tal y como hemos visto anteriormente, hay niños menores de un año que tienen algún tipo de memoria episódica. No obstante, no se ha demostrado que sean capaces de asociar esos recuerdos a su propia existencia. Es decir, pueden acordarse de cosas, pero no recuerdan si han sido ellos quienes las han experimentado. ¿Cuándo empezamos a ser conscientes de nuestra existencia como individuos? ¿Cuándo aparece la autoconsciencia? Uno de sus primeros signos evidentes es que nos reconozcamos al mirarnos en un espejo y los bebés suelen adquirir esa habilidad a lo largo del segundo año de vida, aunque también es cierto que antes ya pueden detectarse algunas manifestaciones más rudimentarias de autoconsciencia. Sin embargo, la capacidad de asociar recuerdos a nuestra propia experiencia y desarrollar una consciencia de nuestro yo requiere un nivel más elaborado de autoconsciencia que no se alcanza hasta la edad preescolar. Durante esta etapa, poco a poco vamos tomando conciencia no únicamente de nuestra individualidad, sino también de la de los demás. Con el paso del tiempo, entendemos que las demás personas tienen sus propios pensamientos e, incluso, aprendemos a prever cómo van a comportarse fijándonos en sus actos. Casi podríamos decir que aprendemos a «leer su mente». Por ejemplo, si viajamos en el metro y vemos a través del reflejo del cristal que otra persona se nos acerca sigilosamente con la vista puesta en nuestra cartera, podemos pensar que tal vez su intención sea robárnosla y podemos imaginar que si nos giramos de golpe, se sorprenderá e intentará disimular. Este tipo de habilidad que nos permite adivinar las intenciones de otras personas, o intuir qué están pensando, se conoce como teoría de la mente y habitualmente está ya desarrollada a los cuatro años de edad.

Otro factor decisivo para el desarrollo de la memoria autobiográfica es el lenguaje. Al final del segundo año de vida, los niños empiezan a juntar palabras para construir sus primeras frases. Desde este momento es habitual que hagan referencia a acontecimientos pasados. Por ejemplo, si ven un perro puede que al cabo de un rato nos miren y digan «guau» o «perro» porque se acuerdan de que han visto ese animal. Y los adultos solemos apoyarlos para recuperar esta experiencia. Por ejemplo, tras decir la palabra *perro* a sus padres, es probable lo ayuden a recordar el acontecimiento: «¡Sí, cariño, hemos visto un perro esta mañana en el parque!». Así, a partir de un esbozo de recuerdo, los adultos ayudamos a los más pequeños a contextualizarlo mejor y a estructurarlo a través del lenguaje. De hecho, hay quien piensa que la manera en que los adultos interactuamos con nuestros hijos influye en su capacidad para recordar acontecimientos pasados. La psicóloga estadounidense Robyn Fivush ha dedicado más de dos décadas a estudiar si la forma en que las madres recuerdan experiencias pasadas junto con sus hijos influye en la posterior capacidad de los pequeños para narrar sus propias experiencias. En este sentido, Fivush observó dos tipos de madres: las que usaban un estilo más elaborado para recuperar los recuerdos de sus hijos y las que usaban un estilo más sencillo. Las primeras empleaban preguntas más abiertas para estimular a los niños a recordar algún suceso, por ejemplo «¿Qué hicimos ayer?». Así daban la oportunidad a sus hijos de proporcionar la información. Después iban guiando los recuerdos con preguntas clave que ayudaban a sus hijos a recordar los elementos necesarios para construir un relato. Por ejemplo, si a la pregunta anterior el niño respondía que habían ido a una fiesta de cumpleaños, su madre replicaba: «¿Y de quién era el cumpleaños?», «¿Qué hemos comido?», etc., incluyendo también preguntas para que el niño evaluara la experiencia («¿Ha sido divertido?»). Además, este tipo de madres, en caso de que su hijo no recordara alguna parte de la historia, le ofrecían pequeñas pistas para seguir construyendo el relato:

«¿Recuerdas que habéis jugado al escondite?», «¿Dónde te has escondido tú?». Por otro lado, las madres con un estilo menos elaborado para evocar recuerdos solían hacer preguntas más dirigidas y que requieren un menor esfuerzo por parte del niño para recordar detalles: «¿Recuerdas que hemos ido a una fiesta de cumpleaños esta mañana?». El niño respondía a esta pregunta con un «Sí», sin necesidad de evocar detalles sobre la experiencia. En caso de que el niño no se acordara, estas madres usaban menos estrategias para estimular su memoria y solían repetir la misma pregunta, sin añadir nuevas pistas para que se acordara por sí mismo. La investigadora observó que los hijos de madres que usaban un estilo más elaborado a la larga eran capaces de evocar sus propios recuerdos de manera más estructurada, detallada y coherente que los hijos de las madres que usaban un estilo más sencillo para evocar recuerdos durante la etapa preescolar.

En resumen, aunque el hipocampo (estructura básica para el funcionamiento de la memoria episódica) está prácticamente desarrollado hacia los dos años de edad, no es hasta uno o dos años más tarde cuando la mayoría de nosotros empezamos a generar los primeros recuerdos de infancia. Esto se debe a que, además del hipocampo, hay otros factores, como la adquisición del lenguaje y el desarrollo de la autoconsciencia, que también son fundamentales para la formación de nuestra memoria autobiográfica.

NUESTRA MEMORIA MADURA CON EL TIEMPO

Durante el camino que recorremos desde la primera infancia a nuestra adolescencia, se produce un cambio en la calidad y en la precisión de los recuerdos autobiográficos. Poco a poco, se va reduciendo la cantidad de información que olvidamos, los recuerdos se vuelven más detallados y somos capaces de estructurar mejor nuestras experiencias al contárselas a otras personas. En este sentido, un aspecto curioso sobre el desarrollo de la memoria a lo largo de la infancia y la adolescencia es que la consistencia de los recuerdos va aumentando con la edad. ¿Qué quiere decir eso? Pues que si preguntamos por un mismo recuerdo (por ejemplo, una fiesta de cumpleaños) a niños y a adolescentes y volvemos a hacer lo mismo un tiempo después, las respuestas que nos den los adolescentes se parecerán, pero las de los niños no tanto. Es decir, que a medida que nos hacemos mayores aumenta nuestra capacidad para mantener a lo largo del tiempo una misma versión de lo que vivimos. Antes de la adolescencia, por el contrario, nos cuesta más recordar idénticos detalles sobre un mismo suceso cuando nos preguntan por él en diferentes momentos. Esta tendencia se mantiene también durante el camino de la adolescencia hacia la etapa adulta.

También contribuye a mejorar nuestra capacidad de recordar durante la infancia el hecho de que cada vez conocemos mejor nuestra propia memoria y somos capaces de juzgar si recordamos bien o mal y, además, desarrollamos estrategias para facilitar la formación de nuevos recuerdos. Estas dos capacidades mentales —el autoconocimiento de la memoria y las estrategias que usamos para recordar mejor las cosas— se conocen como metamemoria. Así, si nos piden que recordemos un conjunto de palabras (por ejemplo: manzana, oso, silla, vaca, plátano, escritorio, león y oveja), es más fácil que nos las aprendamos de memoria si las agrupamos por categorías (frutas: manzana y plátano; muebles: silla y escritorio; animales de granja: vaca y oveja; animales salvajes: león y oso). Si además de aprender las palabras por separado, recordamos que había dos frutas, dos muebles, dos animales de granja y dos animales salvajes, posteriormente nos será más sencillo recuperar esta información. Es durante la etapa más inicial de la escolarización cuando todos aprendemos los conocimientos necesarios para poder establecer estas categorías. Y durante los sucesivos años de preescolar y en la educación primaria, poco a poco vamos pasando de un modelo de aprendizaje pasivo a uno cada vez más activo, donde el uso de estrategias para recordar lo aprendido es cada vez más frecuente y espontáneo.

AYUDA A LOS PEQUEÑOS DE LA CASA CON SU MEMORIA

Ya hemos visto que tenemos memoria incluso en el interior del útero y que nuestra capacidad de recordar va madurando a medida que crecemos, aunque no solo eso: de nosotros depende, en parte, que los más pequeños recuerden más y mejor, que sean capaces de registrar detalles y de construir un relato coherente de sus vivencias. Aquí tienes algunos ejercicios que, además de divertirles, potenciarán su memoria:

- **No temas a los videojuegos.** No todos los juegos de ordenador o de consola son malos. De hecho, los hay fantásticos para educar a los pequeños de la casa, especialmente los conocidos como «juegos de rol». Se basan en vidas virtuales en las que los jugadores tienen que aprender oficios, el trabajo en equipo, etc. y están llenos de ejercicios de memoria para niños, porque tienen que memorizar y procesar datos relacionados con lugares, animales, direcciones, cantidades, etc.
- **Las palabras encadenadas.** Seguro que tú mismo has jugado. Se trata de jugar en grupo y cada persona ha de decir una palabra que empiece con la última sílaba de la palabra que ha dicho el jugador anterior. Por ejem-

plo: Casa-salado-domingo-gotera-radio. Con este juego se potencian la memoria de los niños y sus capacidades lingüísticas.

- **Cadena de mensajes.** También se juega en grupo y se trata de que el primer jugador le dice al oído una palabra al segundo jugador. Este le dice al oído al tercer jugador esa palabra y otra. Y así sucesivamente, de tal modo que cada jugador aumenta en una palabra la lista.

  Primer jugador: casa / Segundo jugador: casa roja / Tercer jugador: casa roja con / Cuarto jugador: casa roja con perro / etc.

  Con este sencillo juego, los pequeños procesan datos, los recuperan y, además, aprenden a construir un relato coherente y mejoran su vocabulario.
- **El juego de las parejas.** Es el típico juego de cartas en el que todas se ponen boca abajo y tenemos que ir levantándolas para formar parejas. El reto consiste en que, si no logramos emparejarlas, debemos ponerlas de nuevo boca abajo y empezar de nuevo. ¿Cómo los ayudamos así? Potenciando su memoria visual y espacial (qué carta está en cada lugar).
- **Recordar los viajes.** Seguro que has ido de viaje con tus hijos y habéis hecho muchas fotografías. Organízalas en álbumes y recuerda con ellos las imágenes de los lugares y monumentos que habéis visitado: la obra de arte, la ciudad donde está, a qué país pertenece la ciudad, etc. De este modo, potenciarás su memoria visual y semántica. Además, si añades detalles concretos a tu relato, preguntándole si os tomasteis un helado, si fuisteis en bicicleta, si comisteis algo especial, si jugasteis a algo, si se divirtió, etc., ligarás los datos enciclopédicos con emociones, potenciando la autoconsciencia de la que hemos hablado unas líneas más arriba y que

tan importante es para que madure nuestra memoria autobiográfica.

- **A la hora de comer.** Comer bien o comer mal es uno de los factores que marcan nuestro bienestar físico y mental. También, y sobre todo, en los más pequeños. Hay estudios que han puesto de manifiesto que la alimentación de una mujer embarazada influirá en la salud de su hijo durante toda su vida. En concreto, uno realizado por la Universidad de Granada reveló que si durante el embarazo comemos bien, favorecemos el desarrollo psicomotor y cognitivo del bebé. Tras el nacimiento, los niños gastan mucha energía y se calcula que un 20 % de la misma se emplea en el funcionamiento de su cerebro. Y uno de los factores que más los ayudan a recuperarla es una buena dieta. ¿Qué alimentos cubren sus necesidades y mejoran sus capacidades?:

  ✓ **Los omega-3.** Son grasas muy beneficiosas para la salud y el cerebro las necesita, porque facilitan las conexiones nerviosas. ¿Dónde las puedes encontrar? En los pescados azules, el aceite de oliva, las espinacas, el aguacate y las nueces, por ejemplo.
  ✓ **El triptófano.** Es un aminoácido clave en la producción de serotonina, la popular hormona de la felicidad, que regula el sueño y nuestro estado de ánimo, y nos ayuda a mantener la tranquilidad y la concentración. ¿Dónde se encuentra? En los lácteos, los huevos, las carnes, los pescados, los plátanos, las legumbres y los cereales. También en el chocolate negro, aunque este debe tomarse en pequeñas porciones por su contenido en azúcar.
  ✓ **Los hidratos de carbono.** El cuerpo de los más jóvenes necesita energía. Los productos que más les

favorecen son los de absorción lenta, que son como gasolina para su cerebro, y siempre es mejor tomarlos por la mañana y al mediodía, porque por la noche no podemos quemar los azúcares. Los encontrarás en la pasta, el arroz, los copos de avena (procura que no sean azucarados), las patatas, el pan, etc.

✓ **Las legumbres.** Ayudan a mantener en forma nuestras neuronas gracias a sus proteínas y hierro, sin olvidarnos de su excelente aporte de fibra. Favorecen el rendimiento intelectual, la agilidad mental y la concentración. El pescado, los lácteos y la carne roja también tienen proteína, aunque se recomienda moderar el consumo de esta última por sus grasas. Las frutas y verduras son ricas en hierro y otras vitaminas y minerales.

✓ **Los huevos**, ricos en vitamina B, fortalecen nuestras neuronas. La vitamina B, además, puedes encontrarla en pescados, frutas, leche, verduras y nueces, por ejemplo.

✓ **Frutas y verduras.** Cinco raciones al día protegen a niños, y a adultos, frente a un sinfín de problemas de salud. Además, sus vitaminas y minerales nos sirven para tener más concentración y agilidad mental, y sus antioxidantes protegen las células de nuestro cerebro.

✓ Lácteos, frutos secos, huevos, pescados y frutas, por ejemplo, nos ofrecen el **calcio** que necesitamos para evitar la ansiedad y tener una mente despierta y ágil. Las autoridades sanitarias recomiendan que hasta los tres años los niños han de tomar medio litro de leche al día. Después, dos vasos, o un vaso y dos yogures, o un vaso de leche, un yogur y un poco de queso. Eso les da todo el calcio que precisan.

LOS RECUERDOS TAMBIÉN ENVEJECEN

Solemos pensar que nuestras habilidades para aprender y recordar alcanzan su máximo esplendor en etapas iniciales o intermedias de la vida adulta, que luego se mantienen estables y que finalmente experimentan un declive progresivo durante la vejez. Sin embargo, si algo he aprendido a lo largo de mis años de experiencia, es que es importante huir de las ideas que creemos inamovibles y que las respuestas simples para problemas complejos no existen. Hagámonos algunas de esas preguntas. ¿Es cierto que todos experimentamos un declive de nuestras capacidades para aprender y recordar a medida que envejecemos? Si es así, ¿el cerebro envejece al mismo ritmo en todas las personas? ¿Sabemos si en una misma persona los procesos que merman la memoria y la capacidad para resolver problemas empiezan a la vez y siguen el mismo ritmo? La realidad, de nuevo, es más compleja de lo que creemos. Claro que es cierto que el declive de las funciones de nuestro cerebro asociado al envejecimiento es un fenómeno universal. Nos pasa a todos en cualquier rincón del mundo. No obstante, lejos de ser un proceso uniforme, existen diferencias entre personas y entre diferentes aspectos de nuestra inteligencia. Por ejemplo, numerosos estudios científicos han revelado que existen dos grandes tipos de inteligencia que maduran y «se desgastan» a distintos ritmos. Por un lado tenemos la inteligencia fluida, que es aquella que nos permite resolver problemas nuevos basándonos más en nuestra capacidad de razonamiento que en nuestros conocimientos previos. En el otro extremo, encontramos la inteligencia cristalizada, que se basa en habilidades y conocimientos previamente aprendidos, así como en experiencias pasadas. Una manera de medir la inteligencia fluida es la realización de pruebas que requieran solucionar un problema usando la lógica, buscando patrones o haciendo deducciones para encontrar una solución que no podríamos hallar apoyándonos solamente en nuestros conocimientos previos. En cambio, un ejemplo clásico de inteligencia cristalizada son los test de vocabulario en los que se evalúa la cantidad de palabras que conocemos, porque eso refleja un conocimiento acumulado a lo largo de toda la vida. Pues bien, sabemos que la inteligencia fluida alcanza su punto máximo al inicio de la edad adulta, mientras que la inteligencia cristalizada llegaría a su pico en etapas intermedias de la vida. Esto tiene sentido si tenemos en cuenta que la inteligencia fluida depende de la rapidez mental y de la capacidad de resolver problemas, que son aptitudes asociadas a la juventud, mientras que la inteligencia cristalizada depende de la acumulación de conocimientos a lo largo de nuestra experiencia, por lo que es razonable que alcance su máximo en edades más avanzadas, cuando hemos tenido oportunidad de almacenar más información (por ejemplo, cuando hemos aprendido más vocabulario porque hemos leído más libros). Además, aunque ambos tipos de inteligencia experimentan un declive a medida que nos hacemos mayores, la cristalizada es más resistente al paso del tiempo que la fluida. Así, pues, aunque en general nuestras capacidades experimentan un declive progresivo conforme envejecemos, décadas de investigación apuntan a que distintos aspectos de nuestra inteligencia, incluyendo la memoria, alcanzan su máximo rendimiento en diferentes momentos de la etapa adulta y que determinados tipos de inteligencia son más vulnerables que otros al envejecimiento del cerebro.

Si hablamos de la memoria, sabemos que es particularmente sensible a los efectos de la edad en la población más mayor. Además, tal y como sucede en general con la inteligencia, hay algunos aspectos que cambian más que otros con la edad. En la memoria hay dos mecanismos que nos ayudan a reconocer cosas que hemos visto anteriormente: la recolección y la familiaridad. El primero es un proceso activo en el que buscamos de forma consciente diferentes aspectos de un recuerdo para evocarlo. Es el caso de recuerdos de experiencias complejas que no se componen de elementos aislados (por ejemplo: mar, rojo, paella, calor), sino que requieren asociar e integrar diferentes elementos para recrear la experiencia (hacía calor porque era verano, estaba en la playa, llevaba puesto un bañador rojo y fui a comer una paella con unos amigos). Es como si buscásemos en nuestra memoria las piezas necesarias para juntar un puzle que represente un recuerdo determinado. En cambio, la familiaridad es un proceso inconsciente que requiere un menor nivel de atención y que nos permite saber que estamos frente a algo conocido sin tener que hacer ningún esfuerzo. Pues bien, hay evidencias de que la mayor dificultad para recordar experiencias pasadas en personas de edad avanzada se debe a una menor capacidad de recolección, mientras que la sensación de familiaridad es más resistente al envejecimiento. Esto también implica que las personas más mayores tienen, además de una mayor dificultad para recordar debido a una menor capacidad de recolección, mayores problemas para establecer las asociaciones necesarias para formar recuerdos complejos. Otro aspecto que también es más vulnerable al envejecimiento es nuestra capacidad de usar estrategias para recordar. Igual que durante la infancia, la capacidad de generar espontáneamente recursos para acordarse de las cosas es menor en las etapas más avanzadas de la vida.

La menor capacidad para recordar en la infancia y en la vejez es algo que todos podemos comprobar fijándonos en los niños y en los mayores que nos rodean, y numerosos estudios han medido estas capacidades en diferentes etapas de la vida y han demostrado su disminución. Sin embargo, es un fenómeno que también se ha visto con claridad estudiando los cambios que experimenta el cerebro con el paso del tiempo. Que nuestro cerebro pierde volumen con la edad es una realidad incontestable apoyada por innumerables trabajos científicos. Y una de las regiones donde estos cambios son más evidentes y han sido más estudiados es el hipocampo, la zona del cerebro más importante para nuestra memoria autobiográfica y otros tipos de memoria declarativa. El envejecimiento normal (en ausencia de enfermedades que afecten al cerebro) conlleva una pérdida progresiva de volumen del hipocampo, que podría deberse entre otras cosas a una progresiva pérdida de neuronas y conexiones entre ellas. Además, el hipocampo es particularmente vulnerable a algunas patologías, como la falta de riego sanguíneo en el cerebro o el alzhéimer, típicamente asociadas a la edad. Diversos estudios coinciden en señalar que estos cambios en el hipocampo podrían ser en gran parte responsables de la pérdida de memoria asociada al envejecimiento en personas sanas.

¿ES NORMAL QUE PERDAMOS LA MEMORIA?

A estas alturas estaremos de acuerdo en que es natural que nuestra memoria empeore con la edad. ¿Pero hasta qué punto podemos considerar normales esas pérdidas de memoria? ¿Dónde está la frontera entre los «fallos de memoria normales para mi edad» y la pérdida de memoria patológica? En otras palabras, ¿cuándo deben preocuparnos nuestras lagunas de memoria? Responder a estas preguntas no es sencillo y, de hecho, cada vez es más complejo trazar una línea divisoria entre lo que consideramos normal y lo que no lo es. Los mecanismos que hay detrás de un envejecimiento sano y lo que sucede a causa de enfermedades que pueden afectar al funcionamiento de nuestro cerebro es el gran foco de interés para la investigación científica actual.

Aunque el envejecimiento siempre vaya acompañado de una cierta pérdida de memoria, puede variar en función de las personas. De hecho, seguramente la mayoría de nosotros conocemos ejemplos de personas con noventa años o más que mantienen una memoria y, en general, unas capacidades mentales envidiables. Además, que creamos que nuestra memoria falla es una idea que está influida por factores psicológicos como el estado anímico o las capacidades metacognitivas, que, entre otras cosas, determinan la capacidad que tenemos cada uno de nosotros para percibir nuestros propios fallos de memoria. En la actualidad, los especialistas en neurología y neuropsicología diagnosticamos un deterioro en la capacidad de aprendizaje y en la memoria cuando observamos cambios que van más allá de lo que esperaríamos para la edad de los pacientes. ¿Y cómo determinamos que una persona tiene una memoria peor de la que le tocaría para su edad? Habitualmente usamos test de memoria (y otras funciones) y comparamos cómo de bien ha hecho la prueba el paciente con los resultados que esperaríamos en una persona de su misma edad y nivel educativo. Si observamos que el rendimiento del paciente está por debajo del que esperaríamos por su edad y nivel de formación, asumimos que realmente ha experimentado un declive más allá de lo normal e intentamos determinar la causa y, en la medida de lo posible, tratarla. Ahora bien, a menudo nos encontramos con personas que acuden a nosotros porque notan cambios en su memoria que les preocupan, pero, tras evaluarlas, vemos que presentan un rendimiento totalmente normal para su edad en las pruebas que les hacemos. En estas situaciones, debido a la complejidad de nuestro cerebro, siempre puede surgir la duda de que algunas de estas personas realmente estén experimentando un cambio en su memoria que vaya más allá del esperable por un proceso de envejecimiento normal y que sencillamente los test actuales no sean capaces de detectarlo.

Otro factor que puede influir en nuestra percepción de la memoria es el estado anímico. En situaciones de estrés, depresión y ansiedad es frecuente que nos cueste más concentrarnos y prestar atención. En estos casos, realizar pruebas de memoria en un entorno controlado como la consulta médica, donde se favorece la concentración del paciente, nos puede ayudar a discriminar si los problemas son debidos a estos factores psicológicos o si realmente hay algún otro factor que justifique la pérdida de memoria. También puede ser que algunas personas reaccionen de forma más sensible a los cambios normales para la edad y que les preocupen excesivamente a pesar de que son debidos a un proceso de envejecimiento normal. En el extremo opuesto, es frecuente que personas con enfermedad de Alzheimer u otras patologías que afectan a la memoria no se den cuenta de sus propios fallos de memoria. Este tipo particular de déficit, conocido como anosognosia, se debe a que estas enfermedades pueden afectar nuestra metacognición y, por lo tanto, alteran nuestra capacidad para darnos cuenta de que nos falla la memoria. En estos casos, son los familiares los que consultan al médico, ya que los pacientes niegan rotundamente tener ningún tipo de problema de memoria, a pesar de que después, al evaluarlos, veamos que su memoria está claramente afectada.

El motivo por el cual algunas personas pueden llegar a los noventa años o más con una memoria excepcional es un tema de gran interés para la investigación actual. Conocer los estilos de vida y los factores genéticos, así como las diferencias en la estructura y el funcionamiento del cerebro de estas personas puede ayudarnos a desentrañar los secretos del envejecimiento saludable. Aparte de la presencia de enfermedades neurológicas que directamente afectan a la memoria, como el alzhéimer, existen numerosos elementos que pueden influir en cómo nuestra memoria cambia a lo largo del tiempo. Entre ellos, hay algunos que no podemos modificar, como la edad o nuestros genes, mientras que existen muchos otros factores sobre los cuales tenemos un amplio margen de maniobra, como nuestra educación, nuestra salud cardiovascular u otros factores asociados a nuestro estilo de vida. En el siguiente capítulo hablaremos de los cambios en la memoria que podemos observar en enfermedades como el alzhéimer y cómo podemos distinguir esos fallos de memoria de otros de carácter más benigno, mientras que en el último capítulo veremos con mayor detalle qué podemos hacer para mejorar o al menos para preservar, en la medida de lo posible, nuestra memoria.

10

LAS ENFERMEDADES QUE AFECTAN A LA MEMORIA

Perder la memoria es uno de los principales temores de muchas personas. Nuestra memoria nos define como individuos, nos permite tomar decisiones y determina la manera en que nos relacionamos con otros seres humanos. Para la mayoría de nosotros, la memoria es nuestro bien más preciado y perderla supone una de las más grandes tragedias a las que nos podemos enfrentar. Esto explica que una de las preguntas que más he escuchado a lo largo de mi experiencia como neurólogo sea: «Doctor, ¿lo que me ocurre puede ser alzhéimer?». La enfermedad de Alzheimer es sinónimo de demencia para la mayoría de personas, por lo que no es de extrañar que salten todas las alarmas ante la más mínima sensación de pérdida de memoria. ¿Y qué significa demencia? Es lo que en medicina llamamos un síndrome, un conjunto de síntomas que cuando se presentan juntos identificamos con ese nombre. Por lo tanto, la demencia no es en sí una enfermedad, sino un conjunto de síntomas que pueden tener diferentes causas, entre ellas la enfermedad de Alzheimer. ¿Y qué síntomas definen la demencia? Se define como una pérdida progresiva de capacidades cognitivas, como la memoria, que conducen a una pérdida de autonomía. Para poder diagnosticar una demencia, la pérdida de memoria (y/o de otras capacidades mentales) debe ser suficientemente grave como para que la persona afectada no pueda valerse por sí misma. Si un individuo experimenta un deterioro en su memoria u otras funciones cognitivas que se confirma al realizar pruebas para medirlas, pero estos problemas no son tan importantes como para que necesite ayuda de terceras personas, decimos que tiene un deterioro cognitivo leve. Hablamos de deterioro cognitivo porque asumimos que ha habido un empeoramiento respecto a un estado previo y lo definimos como leve porque sus alteraciones no son lo suficientemente graves como para considerarlo una demencia. La persona afectada sigue haciendo vida normal y autónoma, sin ayuda para desempeñar sus actividades diarias, a pesar de este cambio en su cognición. En cambio, si necesita que supervisen determinados aspectos de su día a día debido a sus problemas de memoria (por ejemplo, hay que acompañarla a comprar porque olvida lo que necesita, o al médico porque no recuerda lo que le dice, o necesita que supervisen si ha tomado o no la medicación porque no se acuerda), entonces podemos considerar que esa persona tiene demencia. Es importante recalcar que para poder hablar de demencia, la necesidad de ayuda tiene que ser consecuencia de los problemas cognitivos y no de otros factores, como problemas de movilidad, que también pueden generar una situación de dependencia de terceras personas.

Hasta hace poco, los criterios médicos utilizados para diagnosticar la enfermedad de Alzheimer se aplicaban únicamente a personas con demencia. Es decir, hasta que no se llegaba a esta fase de la enfermedad, no se podía hacer este diagnóstico. Aún hoy en día muchas personas son diagnosticadas en esta fase de la enfermedad. Gracias al conocimiento acumulado a lo largo de las últimas décadas, ahora sabemos que los cambios cerebrales y cognitivos causados por la enfermedad de Alzheimer empiezan años antes de que se alcance la fase de demencia, incluso antes de la aparición de un deterioro cognitivo leve. Así, pues, demencia no es sinónimo de alzhéimer. Más bien la enfermedad de Alzheimer es una causa de demencia y deterioro cognitivo leve. De hecho, es la causa más frecuente, ya que es responsable de aproximadamente un 60-70 % de los casos. Tanto el deterioro cognitivo leve como la demencia son fases de esta enfermedad, que van precedidas por otros cambios más sutiles en el cerebro y en las capacidades mentales.

Otra pregunta frecuente de pacientes y familiares es qué es la demencia senil. Se trata de un concepto que ya no se utiliza en la comunidad médica y que se empleaba tiempo atrás para englobar todas las demencias en personas ancianas. La palabra *senil* es un atributo que hace referencia a la edad avanzada. Por lo tanto, hablar de demencia senil lleva a la conclusión errónea de que envejecer es una causa de demencia por sí misma. Sabemos que esto no es así, ya que existen, y están bien documentados, casos de personas que pueden superar los noventa, e incluso los cien años, con un rendimiento envidiable de su memoria y que, por lo tanto, no necesitan ayuda de otras personas debido a un deterioro de sus capacidades cognitivas. En consecuencia, aunque el envejecimiento se asocie a un cierto declive de nuestras facultades mentales y a una mayor predisposición a sufrir enfermedades como el alzhéimer, no necesariamente tiene que culminar en una demencia. Por este motivo, hoy en día ya no hablamos de demencia senil, porque sabemos que no todas las personas mayores desarrollan irremediablemente demencia y también que no todas las demencias en este grupo de edad tienen la misma causa. Como hemos comentado antes, en la mayoría de casos, la demencia es consecuencia de la enfermedad de Alzheimer, cuyo principal factor de riesgo es la edad, pero pueden existir muchas otras causas específicas y bien reconocidas en la actualidad más allá del alzhéimer para padecer demencia, como problemas vasculares u otro tipo de enfermedades neurodegenerativas.

¿ES HEREDITARIO EL ALZHÉIMER?

Otra cuestión recurrente, especialmente al hablar con personas que tienen familiares que lo padecen, es si esta enfermedad es de origen genético. Antes de abordar esta cuestión, podemos ver un poco qué son los genes. Estos son fragmentos específicos de largas secuencias de ácido desoxirribonucleico (ADN) y son como el manual de instrucciones para que las células de nuestro organismo funcionen correctamente. Todos tenemos dos copias de cada gen y heredamos cada una de esas copias de nuestros padres (de cada gen, una copia proviene de la madre y la otra del padre). La mayoría de nuestro material genético (99,5 %) es exactamente igual en todas las personas. ¡Este 0,5 % aparentemente insignificante es el responsable de que las personas seamos tan diversas! ¿Cómo puede ser que un porcentaje tan pequeño sea responsable de tantas diferencias? Pues porque aunque sea mínimo, en realidad estamos hablando de millones de variantes diferentes en la secuencia de ADN. Estos millones de variantes y sus combinaciones hacen que cada persona sea única. Algunas de estas variantes determinan el color de nuestros ojos, nuestro color de piel o nuestro grupo sanguíneo. Un porcentaje menor es responsable de nuestra predisposición genética a sufrir determinadas enfermedades, como el cáncer, la diabetes, los infartos de miocardio o la enfermedad de Alzheimer.

Cuando hablamos de predisposición genética a sufrir una enfermedad, en general nos referimos a que nuestros genes son responsables de una parte (generalmente pequeña) del riesgo de padecerla. En el caso de la enfermedad de Alzheimer, se han identificado algunas variantes que aumentan el riesgo de sufrir la enfermedad, pero que en ningún caso son las únicas responsables. Es decir, que no basta con tener esas variantes para desarrollar la enfermedad, sino que únicamente son responsables de una pequeña fracción del riesgo de padecerla. El resto del riesgo se debe a otros factores. Y entre ellos destacan la edad, los problemas cardiovasculares (como la hipertensión, la diabetes, el colesterol alto y el tabaquismo), el sedentarismo, un bajo nivel educativo o el aislamiento social, entre otros. Así, pues, en la mayoría de personas, la enfermedad de Alzheimer es el resultado de la combinación y la interacción entre factores no modificables (como la edad y los genes) y otros que sí son modificables (como determinados estilos de vida o la educación). Dicho esto, existen casos muy raros (menos del 1 %) en los que el alzhéimer sí que está causado por mutaciones genéticas específicas capaces por sí mismas de provocar la enfermedad y, además de ser muy poco frecuentes, a menudo se asocian a un inicio más temprano de lo habitual de la enfermedad, por debajo de los sesenta y cinco años. ¿Quiere esto decir que todas las personas con enfermedad de Alzheimer que tengan antecedentes familiares o cuyos síntomas hayan empezado antes de los sesenta y cinco años tienen una mutación causante de la enfermedad? En absoluto. Tener antecedentes familiares de alzhéimer puede indicar una mayor predisposición a sufrirlo (de la misma manera que tenerlos de cáncer o diabetes puede indicar una mayor probabilidad de tener estas patologías), pero en la mayoría de casos no implica que haya una mutación capaz de desencadenar por sí misma la enfermedad. Por otra parte, desarrollar la enfermedad antes de los sesenta y cinco años tampoco implica que la causa sea genética. En la mayoría de estos casos (excepto algunos excepcionalmente jóvenes), no es así. Sin embargo, cuando en una misma familia se presentan varios casos y a edades más bien tempranas, conviene comentarlo con el médico para valorar esta posibilidad. En resumen, ¿podemos decir que la enfermedad de Alzheimer es genética? La respuesta es sí para un porcentaje muy reducido de los casos, menos del 1 %. En el resto, la genética influye en cierta medida, pero existen otros muchos factores, todavía no bien conocidos, que determinarán que unas personas desarrollen la enfermedad y otras no.

¿CÓMO AFECTA EL ALZHÉIMER AL CEREBRO?

Hasta ahora hemos hablado de factores de riesgo para la enfermedad de Alzheimer, ¿pero qué ocurre exactamente en el cerebro de las personas que la padecen? A partir del estudio del cerebro de personas que han sufrido alzhéimer, sabemos que en el tejido cerebral se producen una serie de cambios que son específicos y definen la enfermedad. El principal es el acúmulo de unas proteínas, llamadas beta-amiloide y tau. En particular, se sabe que uno de los primeros cambios en el cerebro de las personas que desarrollan la enfermedad es que su cerebro empieza a acumular la proteína beta-amiloide muchos años antes de que aparezcan los primeros síntomas. La hipótesis más aceptada en la actualidad es que la acumulación de esta proteína tiene un efecto tóxico sobre las neuronas y favorece que se dañe y se acumule la otra proteína (tau), que además de dejar de hacer su función normal, también provoca que las neuronas dejen de funcionar correctamente y a la larga conduce a la muerte de estas. La pérdida de neuronas es lo que finalmente da lugar a la aparición de los síntomas característicos de la enfermedad y es lo que hace que los cerebros de las personas con alzhéimer se atrofien y pierdan volumen. ¿Y por qué se acumula la proteína beta-amiloide en el cerebro? Todos la producimos, pero en condiciones normales nuestras células son capaces de eliminar su exceso, evitando que se acumule con el tiempo. Las personas con alzhéimer, por diferentes motivos, no eliminan bien esta proteína, que se va acumulando y acaba provocando la cascada de acontecimientos que conducen a la pérdida de neuronas y a la aparición de deterioro cognitivo.

¿CUÁLES SON LOS SÍNTOMAS?

Una de las primeras regiones donde se acumulan los daños provocados por la enfermedad de Alzheimer es el hipocampo, una estructura clave para nuestra memoria. Por eso su manifestación inicial más típica es la pérdida de memoria. Pero el concepto de memoria es muy amplio y existen diferentes tipos. ¿Cuál se altera en las fases iniciales del alzhéimer? El hipocampo juega un papel crucial en el almacenamiento de la memoria declarativa a largo plazo. Es decir, que es necesario para aprender y luego recordar los acontecimientos de nuestro día a día (la memoria episódica) y para aprender nuevos hechos y conceptos que a la larga configurarán nuestra memoria semántica. Sin el hipocampo no podemos fijar este tipo de información, la olvidamos rápidamente. Además, es importante para recuperar los recuerdos más recientes, porque los más antiguos se almacenan en otras regiones de nuestra corteza cerebral y son cada vez más independientes del hipocampo. ¿Cómo cuadra todo esto con el tipo de déficits que observamos en las personas con alzhéimer? Al inicio de la enfermedad, es característico que presenten dificultades progresivas para retener nueva información. Por ejemplo, si el médico les da una serie de indicaciones, como una nueva pauta de medicación o una cita para una prueba, pueden olvidar estos datos al cabo de poco rato, aunque estuviesen atentos durante la consulta, porque tienen más dificultades para fijar la información. También puede suceder que olviden acontecimientos recientes relevantes, como detalles importantes de conversaciones o acontecimientos familiares que en otras ocasiones habrían retenido. Es importante tener en cuenta que este tipo de fallos de memoria también pueden darse en personas que tienen dificultades para mantener la atención y la concentración, como, por ejemplo, personas en situaciones de estrés, depresión, ansiedad o que estén bajo la influencia de fármacos que afecten a estas capacidades cognitivas. También hay que tomar en consideración que la enfermedad de Alzheimer se caracteriza por una lenta progresión de los síntomas, por lo que lo habitual es que este tipo de fallos aparezcan gradualmente a lo largo de meses o años, y se presenten cada vez con más frecuencia e intensidad. Es decir, que un fallo de memoria puntual no basta para fundamentar una sospecha de alzhéimer y es muy importante tener en cuenta el contexto de estos fallos para detectar otras posibles causas que puedan contribuir a los mismos, como alteraciones del estado de ánimo, enfermedades, medicaciones u otros factores que hacen que nuestro nivel de atención y concentración se vea alterado transitoriamente.

La enfermedad de Alzheimer empieza con problemas progresivos de memoria reciente, ¿pero qué pasa con los recuerdos antiguos? Es habitual que las personas con alzhéimer, hasta fases más avanzadas de la enfermedad, preserven recuerdos remotos, como anécdotas de su infancia, al mismo tiempo que tienen problemas para recordar hechos sucedidos semanas, días o pocas horas antes. Este fenómeno se explica por el hecho de que el hipocampo participa en el almacenamiento de nueva información y también en la recuperación de recuerdos más recientes, mientras que conforme pasa el tiempo los recuerdos más antiguos se van transfiriendo gradualmente a diferentes regiones de la corteza cerebral, de manera que la recuperación de estos recuerdos cada vez depende menos del hipocampo. Puesto que en fases iniciales de la enfermedad se afecta el hipocampo y no tanto estas otras regiones de la corteza cerebral, es normal que las personas con alzhéimer olviden hechos recientes al mismo tiempo que preservan recuerdos de su infancia. A medida que la enfermedad avanza, los daños se van propagando a otras regiones del cerebro y van apareciendo otros síntomas, como problemas para orientarse, para planificar, para resolver problemas o para comunicarse. De forma simultánea, al dañarse las regiones que sustentan los recuerdos más antiguos, en estas fases más avanzadas las personas con alzhéimer van olvidándolos, incluso aquellos más remotos, hasta que llega un momento en que no son capaces de reconocer a familiares cercanos o confunden a miembros de la familia entre sí, tal vez porque todavía saben que son personas que conocen, pero han perdido la información necesaria para reconocerlas adecuadamente.

A estas alturas quizá te estés preguntando si el alzhéimer empieza siempre con problemas de memoria. La gran mayoría de veces la enfermedad empieza y transcurre tal y como he descrito más o menos, pero en un porcentaje reducido de enfermos, los síntomas pueden ser algo diferentes. Es lo que llamamos presentaciones atípicas de la enfermedad de Alzheimer. Por ejemplo, en algunas de estas personas puede que los primeros síntomas que aparezcan afecten al lenguaje y noten dificultades progresivas para expresarse. En otras personas, la enfermedad se manifiesta inicialmente con problemas de percepción visual o para orientarse en el espacio. Este tipo de presentaciones atípicas son poco frecuentes y aunque inicialmente la memoria esté más preservada que en las formas más habituales, con el tiempo, conforme la enfermedad avanza, también se acaba alterando, igual que otras facultades mentales.

¿CÓMO SE DIAGNOSTICA LA ENFERMEDAD DE ALZHEIMER?

El diagnóstico del alzhéimer tradicionalmente se ha basado en la existencia de un deterioro cognitivo progresivo, con afectación de la memoria, que conduce a una demencia, una vez se han podido descartar otras causas que puedan justificar esta pérdida de memoria. Así pues, para poder llegar a este diagnóstico, es necesario que un médico, en ocasiones con ayuda de un neuropsicólogo, certifique que existe un problema de memoria suficientemente grave como para ocasionar una pérdida de autonomía en el paciente. Para descartar otras causas diferentes de la enfermedad de Alzheimer es preciso realizar una prueba de imagen (que puede ser un TAC o una resonancia magnética) y una analítica de sangre. Con estas pruebas se pretende básicamente descartar causas como infartos cerebrales, tumores, infecciones, problemas metabólicos, falta de vitaminas, alteraciones hormonales o de otro tipo que pueden modificar el funcionamiento de la memoria y otras funciones de nuestro cerebro.

Además de estos métodos convencionales, a lo largo de los últimos años se han ido desarrollando nuevas técnicas que nos permiten detectar cambios específicos de la enfermedad, incluso muchos años antes de que aparezcan los primeros síntomas asociados a ella. Son los biomarcadores. En particular, el cambio que se puede detectar mediante ellos es el depósito en el cerebro de las proteínas beta-amiloide y tau, que como he comentado caracteriza la enfermedad de Alzheimer y que, como se cree, puede ser el responsable de la degeneración de las neuronas. ¿Y cómo podemos detectar que estas proteínas se están acumulando en el cerebro? Existen dos grupos de biomarcadores para hacerlo. Uno de ellos es la medición de los niveles de proteínas en el líquido cefalorraquídeo, un líquido que se produce en el cerebro y circula por todo nuestro sistema nervioso y que puede obtenerse gracias a una punción lumbar. Se trata de una técnica muy parecida a la anestesia epidural que se practica a las embarazadas para evitar el dolor durante el parto o a la que se usa, por ejemplo, para anestesiar las piernas en operaciones de rodilla. Básicamente, consiste en pinchar en la parte baja de la espalda para extraer una muestra de líquido cefalorraquídeo del canal medular (figura 19).

Para tranquilizar a las personas más aprensivas, es bueno saber que la zona donde se inserta la aguja para extraer el líquido está por debajo de la médula espinal, por lo que no hay riesgo de dañarla. Así, pues, a diferencia de la epidural, en la punción lumbar diagnóstica, en lugar de poner anestesia lo que hacemos es sacar líquido (aunque también se puede poner anestesia local para que el pinchazo no duela). Puesto que el líquido cefalorraquídeo circula constantemente a través de nuestro sistema nervioso, su análisis nos puede proporcionar información muy valiosa sobre los cambios que pueda sufrir. Concretamente, para el diagnóstico de la enfermedad de Alzheimer se miden los niveles de las proteínas beta-amiloide y tau. Unos valores alterados indican que estas proteínas se están acumulando de forma patológica en el cerebro.

Figura 19. Punción lumbar

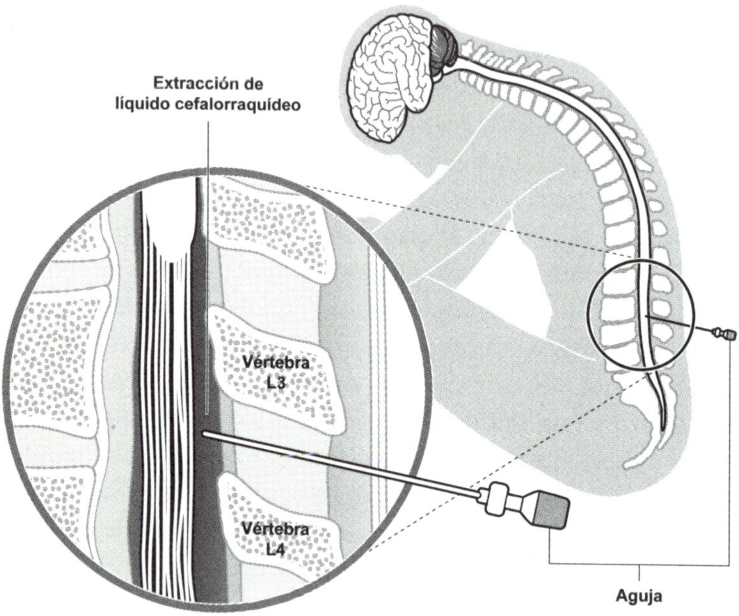

Fuente: https://www.mayoclinic.org/es-es/tests-procedures/lumbar-puncture/about/pac-20394631.

Otro biomarcador que nos permite saber si hay acúmulos sospechosos de beta-amiloide en el cerebro es la tomografía por emisión de positrones, más conocida como PET (por sus siglas en inglés). Con la PET inyectamos substancias marcadas con radioactividad, que cuando se acumulan en determinadas regiones del cuerpo, nos ayudan a diagnosticar diferentes enfermedades. Al estar marcadas radioactivamente, estas moléculas emiten una señal que es captada por un receptor y nos permiten obtener imágenes que nos indican dónde se encuentra la patología que buscamos. En el caso de la enfermedad de Alzheimer, existe la posibilidad de inyectar una substancia radioactiva que se une a la beta-amiloide, de manera que si está presente, aparecerá una señal en las imágenes indicándonos su localización. Este biomarcador se conoce genéricamente con el nombre de PET amiloide. A pesar de usar sustancias radioactivas, esta técnica es segura y, del mismo modo que la punción lumbar, ha demostrado ser útil para detectar los cambios específicos de la enfermedad de Alzheimer.

Si estas pruebas son tan eficaces, es probable que te preguntes por qué no se las hacen a todo el mundo con problemas de memoria. Actualmente, su uso está autorizado en personas con un deterioro cognitivo que ha sido confirmado por un especialista y siempre que se considere que la información que aporta puede ser de utilidad diagnóstica. En concreto, estas pruebas son más útiles en personas en un grupo de edad más joven o en personas con síntomas atípicos para la enfermedad de Alzheimer y, por lo tanto, se reservan para ellas. En las personas en las que la edad de inicio es la habitual para la enfermedad y los síntomas son los esperables, habitualmente no se considera necesario hacerlas. ¿Y qué pasa con quienes no tienen deterioro cognitivo, con aquellas personas que ya experimentan cambios cerebrales de la enfermedad de Alzheimer años antes de que aparezcan los primeros síntomas? ¿No sería posible mediante estas técnicas detectar los depósitos patológicos de estas proteínas antes de la aparición de problemas de memoria? Sí que es posible, pero no se recomienda hacerlo a no ser que sea dentro de un estudio de investigación en el cual esté justificado hacer este tipo de pruebas. El motivo por el cual estas pruebas no se utilizan de forma indiscriminada para saber si se padecerá o no alzhéimer es que, a pesar de que la presencia de estas proteínas alteradas indica un mayor riesgo de desarrollar la enfermedad, todavía no estamos seguros de cuál es exactamente este riesgo. Ni siquiera somos capaces de asegurar a nivel individual si una persona sana con estas pruebas alteradas llegará a desarrollar o no demencia a lo largo de su vida. Además de esta incertidumbre en la interpretación de las pruebas en personas sin deterioro cognitivo, hay otra razón poderosa para limitar su uso a quienes ya presentan manifestaciones clínicas de la enfermedad, y es que desgraciadamente no existe ningún tratamiento que haya demostrado ser capaz de frenar o prevenir la enfermedad de Alzheimer, por lo que saber de antemano que tenemos un riesgo incrementado de desarrollarla no nos permite tomar medidas eficaces para evitar su aparición, más allá de algunos consejos genéricos asociados a estilos de vida saludables. Sin embargo, en personas que sí tienen problemas cognitivos, pero en las cuales existen dudas sobre la causa de este deterioro, los biomarcadores pueden ayudar a confirmar o descartar la sospecha de que la causa sea una enfermedad de Alzheimer y eso puede tener implicaciones en el pronóstico y el tratamiento de estas personas.

A pesar de ser técnicas útiles y seguras, los biomarcadores de enfermedad de Alzheimer hoy en día solo se usan para ayudar en el diagnóstico de casos seleccionados en los que existen dudas sobre la causa del deterioro cognitivo. En otros casos, se considera que este tipo de pruebas no están justificadas desde un punto de vista ético o bien no son necesarias para emitir un diagnóstico.

¿CUÁL ES EL TRATAMIENTO?

Ahora que ya sabemos algo más sobre las causas, los síntomas y el diagnóstico del alzhéimer, vamos a ver qué posibilidades ofrece actualmente la medicina para su tratamiento y qué perspectivas de futuro tenemos. Empecemos por los tratamientos farmacológicos, los que se basan en la administración de medicamentos. Existen dos grupos de fármacos autorizados para el tratamiento de personas con demencia debida a la enfermedad de Alzheimer: los inhibidores de la acetilcolinesterasa y la memantina. El primer grupo incluye una serie de fármacos que potencian la actividad de un neurotransmisor (las sustancias químicas que las neuronas usan para comunicarse entre sí) llamado acetilcolina, que es importante para un buen rendimiento de la memoria. El segundo contrarresta los efectos de otro neurotransmisor llamado glutamato, cuyo exceso de actividad en la enfermedad de Alzheimer tiene un efecto negativo sobre las neuronas. Ambos tipos de fármacos son capaces de frenar ligeramente el declive cognitivo, aunque sus efectos son modestos y no pueden revertir los síntomas ni parar la enfermedad. Recientemente, también se han introducido un tipo de suplementos alimenticios que contienen una mezcla de vitaminas y ácidos grasos que ayudan a reparar las conexiones entre neuronas dañadas por la enfermedad. Estos productos tampoco curan la enfermedad, pero, igual que los fármacos comentados, hay evidencias de que pueden ralentizar ligeramente la pérdida de memoria.

En la actualidad no disponemos de tratamientos que curen el alzhéimer ni que lo ralenticen de forma significativa y los únicos disponibles tienen un efecto más bien modesto. El presente puede parecer poco esperanzador. Pero ¿hay motivos para ser más optimistas de cara al futuro? Hasta ahora, la historia de la búsqueda de tratamientos para la enfermedad de Alzheimer ha cosechado muchos fracasos y los pocos éxitos han sido bastante modestos. No obstante, eso no ha hecho que la comunidad científica y médica tire la toalla. Al contrario, actualmente la búsqueda de nuevos tratamientos para esta enfermedad es uno de los campos más activos en el ámbito biomédico. Y aunque hasta ahora no haya habido suerte con los tratamientos, la realidad es que se ha avanzado muchísimo en el conocimiento de sus posibles causas y de los mecanismos que altera. Hay que tener en cuenta que es una enfermedad muy complicada, que afecta al órgano más complejo del organismo: el cerebro. Curar y prevenir esta enfermedad es un reto colosal, pero al igual que muchas otras personas que investigan en este campo, estoy convencido de que no es imposible. Hace pocas décadas apenas sabíamos nada sobre el alzhéimer y el conocimiento acumulado durante este tiempo ha permitido desarrollar tratamientos dirigidos a eliminar las proteínas tóxicas que se acumulan en el cerebro, sobre todo la beta-amiloide. Por desgracia, ninguno de ellos basta para curarlo, pero sin duda el trayecto recorrido en el conocimiento de la enfermedad y los avances tecnológicos nos acercan mucho más a una terapia que sea efectiva.

Hasta ahora hemos hablado de tratamientos farmacológicos para intentar frenar el alzhéimer o paliar sus efectos. No obstante, se pueden hacer más cosas. En el siguiente capítulo hablaremos del efecto de algunas técnicas no farmacológicas, como la estimulación cognitiva (entrenar nuestro cerebro), para preservar la memoria en personas que ven deterioradas sus capacidades para aprender y recordar.

Por otro lado, en fases más avanzadas de la enfermedad pueden aparecer alteraciones de la conducta que incluso derivan en comportamientos agresivos. Este tipo de comportamientos es una de las manifestaciones más difíciles de gestionar y que más impacto tienen en las personas del entorno de los enfermos de alzhéimer. De cara a asegurar que las personas con alzhéimer se sientan lo más orientadas posible y que no se alteren, es importante intentar mantener, en la medida de lo posible, un conjunto de rutinas que deberían ser siempre parecidas: levantarse a la misma hora, hacer las comidas a la misma hora, planificar las actividades que se van a realizar... Como pierden la noción del tiempo, es más fácil que las personas con alzhéimer se ubiquen y anticipen lo que va a suceder si sus actividades son rutinarias que si, por el contrario, hay mucha variabilidad de un día a otro. También es importante asegurar que su entorno sea tranquilo y evitar situaciones u objetos que puedan desencadenar reacciones indeseadas. Por ejemplo, en fases avanzadas de la enfermedad, algunos pacientes pueden inquietarse al ver su propio reflejo en un espejo y es conveniente retirarlos de su casa.

Es cierto que queda mucho por avanzar, pero también lo es que hemos recorrido mucho camino y acumulado mucho conocimiento. Y aunque todavía haya que esperar hasta que aparezca un tratamiento efectivo para la enfermedad de Alzheimer, sí que podemos ayudar a las personas que la sufren con un buen diagnóstico, porque la incertidumbre es una importante fuente de estrés tanto para los pacientes como para sus familiares, y con la correcta elección del tratamiento que se debe seguir, además de ofrecer acompañamiento a los pacientes y a su entorno y asesorarles y ofrecerles las mejores alternativas a la hora de gestionar los problemas que van surgiendo durante el transcurso de la enfermedad.

PERDER LA MEMORIA DE UN DÍA PARA OTRO

¿Es posible que perdamos la memoria de un día para otro? Uno de los trastornos más curiosos que pueden afectar a la memoria es la denominada amnesia global transitoria. Suele afectar a personas de entre sesenta y setenta años, y se caracteriza por una incapacidad transitoria para formar nuevos recuerdos (fenómeno conocido como amnesia anterógrada), así como una menor afectación para recordar hechos anteriores recientes (amnesia retrógrada). Estos síntomas se presentan de forma abrupta y los pacientes entran en una especie de estado de desorientación, haciendo las mismas preguntas de forma repetitiva («¿Qué hago aquí?», «¿Qué tenía que hacer?»...). Los síntomas suelen durar unas horas y después el paciente vuelve a la normalidad, y es capaz de recordar y generar nuevos recuerdos. Durante estos episodios, las personas son capaces de moverse y expresarse con normalidad, su percepción está intacta y se puede mantener una conversación coherente con ellas. Sencillamente, es como si su «grabadora» se hubiese estropeado y no fuesen capaces de almacenar nueva información. Eso hace que constantemente se encuentren extrañados y desorientados, ya que no consiguen entender, por ejemplo, cómo han llegado al coche o al hospital. ¿Qué es lo que les ocurre a estas personas? Todavía no sabemos con exactitud qué les pasa, pero sí parece claro que los síntomas se deben a algún tipo de disfunción transitoria en el hipocampo, y algunas teorías apuntan a una posible relación con migrañas u otros acontecimientos que generan sutiles alteraciones en el riego sanguíneo cerebral. Que el hipocampo se vea afectado explica que no sean capaces de registrar nueva información y que tengan dificultades para recordar algunos hechos recientes anteriores al episodio, pero no para recordar hechos más remotos. Una vez que pasa el episodio de amnesia, las personas no recuerdan nunca lo que ha sucedido durante el lapso de tiempo en el que su hipocampo ha estado «apagado». Sin embargo, lo habitual es que vuelvan a recuperar los recuerdos de los días anteriores a este «apagón» que habían quedado borrosos. Ante una situación así, lo normal es que los pacientes sean atendidos en urgencias, donde se les realiza una exploración y una prueba de imagen (generalmente un TAC) para descartar una lesión vascular por la obstrucción o rotura de un vaso sanguíneo cerebral. Descartada esta posibilidad, en raras ocasiones, sobre todo si se repiten más veces, estos síntomas pueden ser el resultado de crisis epilépticas. No obstante, en la mayoría de casos, incluso si se vuelve a presentar, la amnesia global transitoria es un cuadro benigno que no requiere de ningún tipo de tratamiento especial.

OTRAS ENFERMEDADES QUE AFECTAN A LA MEMORIA

La enfermedad de Alzheimer es la principal causa de demencia, pero otras enfermedades pueden afectar a nuestra memoria. La lista sería inacabable, sobre todo teniendo en cuenta lo amplio que es el concepto de memoria, por eso me centraré en algunas causas frecuentes de problemas cognitivos (entre ellos la memoria) y también en otras más raras que, igual que la fase inicial de la enfermedad de Alzheimer, afectan de forma más selectiva a nuestra memoria episódica.

Además del alzhéimer, la patología vascular cerebral (el daño derivado de la falta de riego sanguíneo en diferentes regiones del cerebro) es una causa común de deterioro cognitivo. El tipo de síntomas puede variar mucho en función de la zona dañada y de la extensión de la lesión. No obstante, entre las personas de edad avanzada con factores de riesgo cardiovascular (como la hipertensión, el colesterol o la diabetes), es relativamente frecuente encontrar pequeñas lesiones ampliamente diseminadas por el cerebro que son provocadas por un insuficiente riego sanguíneo a lo largo de muchos años. Este tipo de lesiones suelen afectar a lo que llamamos sustancia blanca, algo así como los cables por donde circula la información que las neuronas se envían entre sí. Si cortamos esos cables, la información no circula bien. Es lo que creemos que sucede cuando el tejido de la sustancia blanca se daña con el tiempo al no llegar adecuadamente la sangre al cerebro, dificultando la comunicación entre distintas regiones del mismo. Es característico que las personas con este tipo de lesiones piensen y se muevan de forma más lenta y que su memoria se vea afectada, sobre todo como consecuencia de una menor capacidad de atención y concentración. En estos casos, a diferencia de lo que observamos en personas con la enfermedad de Alzheimer, los pacientes pueden tener dificultad para registrar nueva información y para recuperar recuerdos, pero mejoran notablemente si les damos pistas. Es decir, que pueden almacenar nueva información porque su hipocampo aún funciona, pero tienen dificultades para recuperarla de forma espontánea porque el conjunto de «cables» que comunica diferentes regiones cerebrales está dañado. En ellos la información no se desvanece del todo como sucede en las personas con alzhéimer.

El consumo de determinadas sustancias también puede conducir a la aparición de problemas de memoria. Un ejemplo bien conocido es el alcohol. Cuando se consume en cantidades excesivas, puede dañar estructuras importantes para la memoria, provocando una alteración permanente de la capacidad de formar nuevos recuerdos. Por otro lado, el consumo de algunos fármacos, como determinados antidepresivos, tranquilizantes o medicaciones analgésicas, también puede interferir en el funcionamiento de la memoria. En estos casos, el problema suele resolverse al retirar o reducir la dosis, pero eso siempre debe hacerse bajo supervisión médica, ya que algunos de ellos no pueden retirarse de golpe.

Existen algunas enfermedades más raras que pueden afectar de forma bastante selectiva al hipocampo y otras estructuras próximas a él. Entre estas destacan las encefalitis herpéticas, causadas por una infección del virus herpes. Se estima que unos dos tercios de la población está infectada por él y muchas de estas personas no tienen ningún síntoma asociado a la infección. Sin embargo, el virus es capaz de infectar los nervios sensitivos de la garganta y alojarse de forma indefinida en ellos. Eso hace que en algunas personas, de vez en cuando, el virus sea capaz de reactivarse y provocar las conocidas y molestas ampollas típicas del herpes labial. En un porcentaje muy reducido de casos, por motivos desconocidos, el virus es capaz de propagarse al cerebro, donde tiene una especial predilección por el hipocampo y otras estructuras situadas en un conjunto de regiones conocido como sistema límbico, del que el hipocampo forma parte. Cuando eso ocurre, lo llamamos encefalitis herpética y se trata de una situación grave con consecuencias potencialmente letales. Antes de que te alarmes si tienes, o has tenido herpes labial, quiero aclararte que esta enfermedad no es más frecuente en personas con herpes labial que en otras que no lo presentan. Se asociaría a la infección crónica por herpes y se trata de una enfermedad muy rara, que afecta aproximadamente a una persona por cada millón de habitantes y año. Como suele afectar al lóbulo temporal, donde se ubica el hipocampo, una de las secuelas más frecuentes en las personas que la han sufrido es la incapacidad o dificultad para formar nuevos recuerdos, como sucede en las personas con alzhéimer. Sin embargo, la forma de presentación y los síntomas que acompañan a la pérdida de memoria son radicalmente distintos en ambas enfermedades. Como vimos anteriormente, la enfermedad de Alzheimer se caracteriza por un desarrollo muy lento y progresivo, mientras que en la encefalitis herpética los síntomas se suelen dar en pocos días. Empieza con síntomas parecidos a los de una gripe, seguidos de otros neurológicos, como el deterioro de funciones cognitivas, cambios en la conducta, crisis epilépticas y una alteración del nivel de conciencia. Además, la encefalitis herpética puede afectar a personas de cualquier edad, aunque es más frecuente durante la infancia y en personas mayores.

La infección por herpes no es la única causa de encefalitis que puede afectar al hipocampo provocando síntomas similares de pérdida de memoria. Aparte de otros virus, hay enfermedades que pueden causar la inflamación del cerebro y afectar al hipocampo, y que son causadas por anticuerpos, las moléculas que el cuerpo fabrica para combatir infecciones y que por error atacan a nuestro propio cerebro. Este tipo de enfermedades, que también son muy raras, se denominan encefalitis autoinmunes y provocan una inflamación de regiones del cerebro como el hipocampo cuando los anticuerpos las atacan erróneamente.

Como hemos visto, existen múltiples condiciones médicas que pueden ocasionar problemas de memoria. En este capítulo únicamente hemos comentado unas cuantas, centrándonos en una de las más frecuentes y conocidas: la enfermedad de Alzheimer. En el capítulo siguiente te ofreceré algunas claves para, en la medida de lo posible, ayudarte a preservar mejor la memoria y otras funciones cognitivas.

11

CONSEJOS PARA PRESERVAR NUESTRA MEMORIA

A nivel mundial, la población está envejeciendo y el envejecimiento se asocia a un mayor riesgo de sufrir enfermedades que afectan al funcionamiento de la memoria. Teniendo en cuenta que no disponemos de tratamientos para curar las causas más frecuentes de deterioro cognitivo, como la enfermedad de Alzheimer, la prevención de este tipo de enfermedades que afectan a nuestra memoria es fundamental.

Existen algunos factores de riesgo de deterioro de nuestra capacidad para aprender y recordar que no podemos modificar. Los principales son la edad y los genes. Pero hay evidencias de que sí podemos variar otros asociados a nuestro estilo de vida y así reducir, o incrementar, el riesgo de sufrir demencia en el futuro. En un artículo recientemente publicado en la prestigiosa revista médica *The Lancet*, un grupo de expertos en demencia estimaron que un 35 % del riesgo de sufrir demencia es atribuible a factores potencialmente modificables, que incluyen un bajo nivel de educación, la hipertensión, la obesidad, la pérdida de audición, la depresión, la diabetes, la falta de actividad física, el tabaquismo y el aislamiento social. Es decir, que si consiguiésemos eliminar todos estos factores de riesgo, reduciríamos en un 35 % el número de personas que desarrollan demencia.

POTENCIA TUS CONOCIMIENTOS Y HABILIDADES

La educación y el conjunto de actividades que requieren un uso más intensivo de nuestras capacidades cognitivas (por ejemplo, aprender un idioma, jugar al ajedrez o tocar un instrumento) conforman lo que llamamos nuestra reserva cognitiva, que de alguna manera refleja el capital de conocimientos y habilidades que vamos acumulando a lo largo de nuestra vida. Cuanto mayor es nuestro nivel de educación y cuanto más tiempo pasemos realizando actividades que estimulen nuestra cognición, mayor es nuestra reserva. Diversos estudios apuntan a que la reserva cognitiva nos puede ayudar a protegernos del desarrollo de demencia. Una de las primeras evidencias a favor de esta hipótesis la aportó el conocido como «estudio de las monjas». Este famoso estudio evaluó a 678 monjas de una misma congregación que al inicio del análisis tenían entre setenta y cinco y ciento dos años. Las participantes fueron examinadas cada año para comprobar sus capacidades físicas y cognitivas. Además, los datos que guardaba el convento permitieron a los investigadores disponer de información detallada sobre diferentes factores de riesgo y conocer el estilo de vida de las monjas. Por último, todas ellas accedieron a donar su cerebro tras su muerte para que los investigadores pudiesen analizarlo. En el grupo había monjas de varias edades que presentaban capacidades más o menos afectadas, de tal forma que algunas participantes con setenta y cinco años ya se encontraban en una fase de demencia avanzada, mientras que otras, como la hermana Matthia, presentaban un estado de salud física y mental envidiable pasados los cien años. El caso de la hermana Matthia es paradigmático, ya que falleció a los ciento cuatro años sin haber sufrido demencia. No obstante, al analizar su cerebro, los investigadores descubrieron sorprendidos que tenía alteraciones propias de una enfermedad de Alzheimer en fase moderada. ¿Qué factores hicieron que esta monja centenaria fuese capaz de mantener este envidiable estado de salud mental a los ciento cuatro años, incluso teniendo cambios patológicos en su cerebro? La respuesta, en parte, la proporcionó el análisis de los diarios de algunas de estas monjas, escritos cuando tenían alrededor de veinte años. El estudio de sus escritos antiguos permitió a los investigadores medir el grado de habilidades lingüísticas de las monjas durante su juventud. Demostraron que aquellas con un menor grado de habilidades lingüísticas tenían una mayor propensión a desarrollar deterioro cognitivo en edades avanzadas. Así, pues, poseer un mayor grado de habilidad lingüística en la juventud, lo cual es un indicador de un mayor nivel educativo, podría ser uno de los factores que explicase la resistencia del cerebro de la hermana Matthia a los cambios asociados a la enfermedad de Alzheimer. El desarrollo de un mayor número de sinapsis en una edad temprana podría contribuir a que el cerebro fuese más resistente a los cambios asociados al alzhéimer. Así, frente a un mismo grado de enfermedad, las personas con mayor nivel educativo serían más resistentes a la aparición del deterioro cognitivo. Es como si las personas con una mayor reserva cognitiva, al tener más sinapsis, tardasen más años en manifestar los síntomas de una enfermedad degenerativa del cerebro, puesto que tienen que perder un mayor número de sinapsis antes de alcanzar el punto crítico a partir del cual los problemas cognitivos se hacen evidentes.

Ideas para aumentar tu reserva cognitiva: leer, aprender a tocar un instrumento, aprender idiomas, estudiar, escribir un diario, los juegos de mesa, el ajedrez, las damas...

LO QUE ES BUENO PARA EL CORAZÓN ES BUENO PARA EL CEREBRO

También hay una clara evidencia de que un buen control de los factores de riesgo cardiovascular, como la hipertensión o los niveles de colesterol y azúcar en sangre, puede contribuir a reducir el riesgo de demencia en el futuro. Cada vez son más los estudios que apuntan en esta dirección, señalando la importancia de establecer un adecuado control sobre estos factores incluso a partir de los cuarenta años. La obesidad y el ejercicio físico están íntimamente relacionados entre sí y con los factores anteriores, por lo que también se recomienda hacer ejercicio de forma regular y mantener un peso dentro de los límites aconsejables. Además, actuar sobre estos factores afecta globalmente a nuestra salud, ya que evitar la hipertensión, el colesterol elevado y la diabetes tiene un claro beneficio sobre nuestro sistema cardiovascular y realizar ejercicio físico y mantener un peso adecuado puede, entre otros beneficios, ayudarnos a evitar problemas en las articulaciones y facilitar un mejor descanso nocturno. Toma nota de todo lo que puedes hacer para preservar tu salud y favorecer el buen funcionamiento de tu cerebro:

- **Una dieta sana y equilibrada** te ayudará a mantener a raya el sobrepeso y a reducir el riesgo de padecer enfermedades cardiovasculares, además de beneficiar a tu cerebro. Toma cinco raciones de fruta y verdura al día.

Sus minerales y vitaminas son fundamentales. Come pescado azul, espinacas, aguacate o nueces, porque tus arterias y tu cerebro necesitan sus ácidos omega-3. No olvides los hidratos de carbono de absorción lenta en tus desayunos y comidas. Tampoco las proteínas presentes en legumbres, pescado, lácteos y carne roja (aunque esta última tómala con moderación porque también nos aporta grasas). La esencial vitamina B la encontrarás en los huevos, el pescado, la fruta, la leche, las verduras y las nueces. Y evita el consumo de alcohol, bebidas azucaradas y grasas trans de la bollería industrial, los *snacks*, las carnes procesadas y las barritas energéticas, por ejemplo.

- **El ejercicio es el gran protector de nuestra salud.** No se trata de que nos desfondemos en el gimnasio, sino de que practiquemos deporte de forma moderada y constante. La Organización Mundial de la Salud recomienda treinta minutos diarios de actividad física diaria cinco días a la semana. Caminar y nadar son los entrenamientos más recomendables, siempre que se realicen habitualmente y con una intensidad media.

VIGILA LOS SÍNTOMAS DE DEPRESIÓN

En la actualidad no cabe duda de que existe una asociación entre depresión y riesgo de demencia. Las personas que acuden a la consulta con problemas de memoria presentan, a menudo, síntomas de depresión. Y en algunos casos, la propia depresión puede ser la que cause los problemas de memoria. Si es así, los síntomas mejoran e, incluso, pueden llegar a revertirse del todo al mejorar el estado anímico. En otros casos, sin embargo, la depresión precede a la aparición de una demencia. Aunque la asociación entre demencia y depresión es evidente, la naturaleza de esta asociación no está del todo clara. El hecho de que frecuentemente el deterioro cognitivo venga precedido por una depresión puede llevarnos a concluir que esta juega algún papel en la aparición de la demencia. Esta teoría no es descabellada, porque la depresión está ligada a la transformación de algunos sistemas de neurotransmisión y eso es algo que podría contribuir a precipitar la aparición de síntomas de deterioro cognitivo en personas que ya sufren cambios en su cerebro debido a la enfermedad de Alzheimer. Por otro lado, también sería posible que la depresión sea una manifestación inicial de algunas enfermedades degenerativas, como el alzhéimer, que pueda presentarse antes de la aparición del deterioro cognitivo.

NO TE AÍSLES

Existen otros factores, como la pérdida de audición y el aislamiento social, que también están asociados a un mayor riesgo de desarrollar demencia, pero tampoco sabemos con certeza si realmente son factores de riesgo o consecuencias de la propia enfermedad. El aislamiento social podría ser, igual que la depresión, una manifestación temprana de diferentes cambios que sufre nuestro cerebro y que nos conducen a relacionarnos menos con otras personas. Por otro lado, la falta de contacto social también puede asociarse a otros factores, como la depresión, el riesgo cardiovascular y una menor actividad cognitiva, que como ya sabemos son factores de riesgo para la demencia. Tampoco está claro por qué la pérdida de audición se asocia a un mayor riesgo de demencia, pero podría estar relacionado con una menor estimulación cognitiva, aunque también podría ser una manifestación inicial de la propia enfermedad causante de la demencia.

DUERME Y DESCANSA BIEN

Cada día es más evidente la importancia de un buen descanso nocturno. Una noche de insomnio repercute al día siguiente en nuestra memoria, en la capacidad de concentración y de atención, y en otras funciones. También es un hecho comprobado que trabajar de noche puede incrementar el riesgo de sufrir numerosos problemas de salud física y mental, y recientemente se ha establecido una relación entre la falta de calidad del sueño y la enfermedad de Alzheimer. Por este motivo, mejorar la calidad del sueño aparece como una opción atractiva para evitar o frenar el deterioro cognitivo. No obstante, a pesar de que numerosos estudios apoyan la asociación entre calidad del sueño y demencia, todavía no tenemos una clara evidencia científica de que mejorar el descanso nocturno en etapas intermedias de la vida sea capaz de reducir posteriormente el número de casos de demencia. A pesar de ello, nunca está de más mejorar la calidad de nuestro sueño. Apunta estas ideas:

- No tomes cafeína ni alcohol. La nicotina del tabaco también empeora nuestro descanso.
- Duerme a oscuras en una habitación que se haya ventilado bien y en la que la temperatura se mantenga entre 21 y 24 °C.
- Evita tener cerca aparatos electrónicos (teléfonos, tabletas, televisores, etc.).
- Duerme con almohadas y colchones que no sean ni demasiado duros ni demasiado blandos.

- Acuéstate en posición fetal para que tu musculatura no se resienta, nunca boca abajo, y mejor del lado derecho para no comprimir tu corazón.
- Duerme entre siete y ocho horas. Se ha demostrado que dormir menos o alargar más el sueño puede provocarnos trastornos de salud.
- No realices actividades o ejercicio intensos pocas horas antes de acostarte, porque te sentirás con mucha energía. Deja el deporte para el día y por la tarde practica ejercicios de relajación o sal a dar un paseo tranquilo.
- Si tienes problemas de sueño, no hagas la siesta. Así estarás más cansado por la noche.
- Evita las cenas demasiado copiosas y alimentos difíciles de digerir, como la carne o las salsas.
- Bebe entre litro y litro y medio de agua durante el día para estar bien hidratado por la noche.
- Cena antes de las nueve de la noche o dos horas antes de irte a la cama. Si te vas a dormir con el estómago lleno, no descansarás bien.

LA UNIÓN HACE LA FUERZA

Aunque hay evidencia científica de que, por ejemplo, tratar la hipertensión, hacer ejercicio físico o involucrarse en actividades que estimulen nuestro intelecto pueden, por separado, tener efectos beneficiosos sobre nuestras capacidades cognitivas y reducir el riesgo de demencia, algunos estudios sugieren que este tipo de intervenciones podrían ser más efectivas si se realizan a la vez. Uno de los trabajos más destacables en este sentido es el estudio FINGER (*Finnish Geriatric Intervention Study to Prevent Cognitive Impairment and Disability*). Realizado hace pocos años en Finlandia, evaluó a más de seiscientas personas mayores de sesenta años con perfil de alto riesgo para desarrollar demencia en base a sus antecedentes médicos y personales. Los investigadores dividieron a los participantes en dos grupos, de manera que a unas personas se las incluía en programas intensivos para mejorar su dieta, realizar ejercicio físico, controlar sus factores de riesgo cardiovascular y realizar actividades de estimulación cognitiva, mientras que al otro grupo únicamente se le proporcionaban consejos generales para mejorar su salud. Tras dos años de seguimiento de los participantes, el estudio mostró que las personas que habían seguido el programa intensivo habían experimentado una mejoría en ciertas capacidades cognitivas con respecto al otro grupo. Este estudio fue importante para subrayar la posible importancia de usar estrategias que aborden al mismo tiempo los múltiples factores de riesgo para evitar o minimizar el impacto del deterioro cognitivo.

ENTRENA TU CEREBRO

La teoría de la plasticidad neuronal, según la cual la experiencia es capaz de provocar cambios estructurales y funcionales en los circuitos neuronales, nos da pie a considerar que el cerebro es como un músculo: cuanto más lo usemos, más se desarrolla. Desde este punto de vista, ejercitar nuestro cerebro podría ser una estrategia efectiva para prevenir o mitigar los efectos de enfermedades que deterioran nuestra capacidad para aprender y recordar. Se ha estudiado mucho si hacer ejercicios para entrenar capacidades como la memoria verbal, la velocidad de procesamiento o la capacidad de razonamiento aporta algún beneficio. Este tipo de intervención recibe el nombre de entrenamiento cognitivo. Y una cosa parece clara: las personas sanas que hacen ejercicios para entrenar determinadas habilidades cognitivas mejoran en el rendimiento de estas pruebas con el tiempo. Es decir, que se produce un aprendizaje. Aunque la mayoría de estudios realizados muestran que el efecto sobre nuestras capacidades es modesto, la evidencia de su existencia parece sólida a la luz de la información disponible. Pero ¿tiene alguna repercusión o beneficio en la vida real mejorar en pruebas como aprender y recordar listas de palabras? Para responder a esta pregunta, no basta con medir el resultado de las pruebas, sino que hay que determinar si la mejora nos ayuda en nuestra vida diaria, si aprender mejor listas de palabras hace que olvidemos menos las conversaciones recientes, los recados que teníamos que hacer o las citas con el médico, o puede prevenir la aparición de estos problemas en el futuro. Un estudio realizado en 2006 en la Universidad de Pensilvania (Estados Unidos), que involucró a casi tres mil participantes, mostró que los beneficios de entrenar el cerebro se extienden a las actividades de la vida diaria y que este beneficio se mantiene a largo plazo, al menos cinco años tras una intervención de varios meses. ¿Y qué hay de los programas informáticos o aplicaciones de teléfono móvil o tabletas que ofrecen programas de entrenamiento cognitivo? Investigadores de la Universidad de Nueva Gales del Sur (Australia) analizaron los principales estudios disponibles sobre el posible beneficio de programas de entrenamiento cognitivo computerizado y encontraron una escasa evidencia de que este tipo de entrenamiento fuera efectivo. No obstante, eso no necesariamente indica que estas estrategias no sean efectivas, sino que los estudios realizados para evaluar su eficacia tal vez no son lo suficientemente robustos. De hecho, los autores de estos trabajos de revisión animan a continuar investigando la posible utilidad de este tipo de herramientas.

¿Puede servir el entrenamiento del intelecto para tratar personas que ya tienen deterioro cognitivo? Un equipo de la Universidad de Melbourne (Australia) encontró beneficios que variaban de pequeños a moderados. Además, existe otro tipo de terapias basadas en la repetición de ejercicios que también han mostrado un efecto positivo, aunque modesto, en personas con deterioro cognitivo. Estas técnicas comprenden la estimulación cognitiva, que se basa en actividades genéricas dirigidas a mejorar la capacidad de orientación, habilidades sociales o la estimulación sensoriomotora, y la rehabilitación cognitiva, que se centra en deficiencias específicas de una persona e intenta aportar soluciones para mejorar tareas que pueden verse afectadas por dicho déficit.

LA ESTIMULACIÓN MAGNÉTICA DEL CEREBRO

Puede sonar a ciencia ficción, pero algunos estudios apuntan a la posibilidad real de que sea posible mejorar algunas funciones cognitivas mediante una técnica que estimula nuestro cerebro a partir de breves aplicaciones de campos magnéticos (figura 20). Estos campos magnéticos son capaces de inducir corrientes y activar neuronas en regiones específicas del cerebro. Cuando estos pulsos magnéticos se aplican a baja frecuencia (aproximadamente 1 Hz), la excitabilidad de la corteza cerebral se reduce, mientras que aplicados a una alta frecuencia, las neuronas se excitan. Diferentes experimentos han mostrado que la aplicación de estos campos magnéticos puede facilitar algunos procesos cognitivos. No obstante, aún no está del todo claro cómo se logra. Algunos científicos creen que al modular la actividad neuronal, de alguna forma se despeja el camino para poder realizar la tarea que nos interesa sin más distracciones. Otros sostienen que la estimulación es capaz de potenciar la actividad neuronal en las regiones directamente implicadas en la tarea facilitada. Una importante ventaja de esta técnica que la convierte en una candidata atractiva para tratar personas con deterioro cognitivo es que es inofensiva para nuestra salud, por lo que no tendría efectos secundarios. De todas formas, a pesar de los atractivos resultados mostrados por algunos estudios concretos, otros han mostrado que la eficacia es discutible y en el mejor de los casos modesta. Con todo, no deberíamos dejar de explorar el beneficio potencial de este tipo de terapia en diferentes enfermedades que afectan al cerebro.

Figura 20

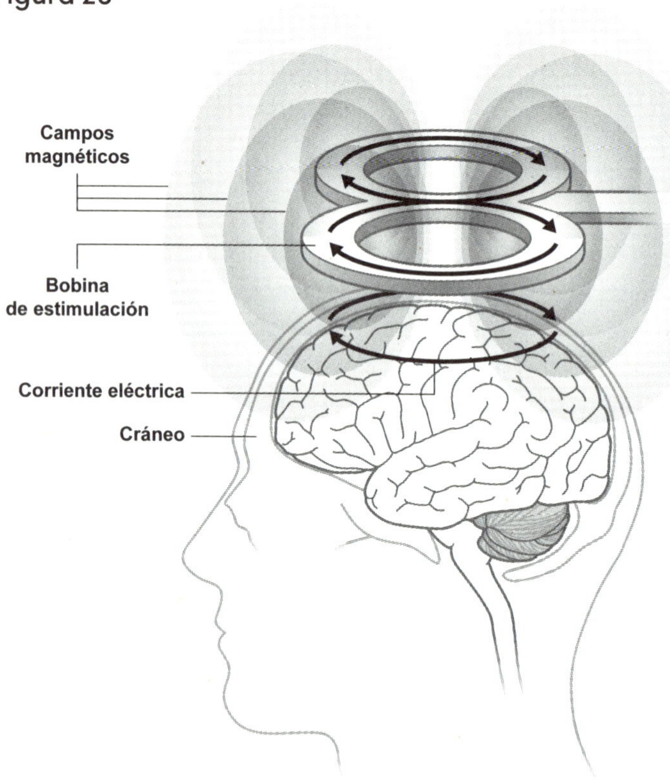

Fuente: https://docplayer.es/84198061-Universidad-autonoma-metropolitana-iztapalapa-division-de-ciencias-basicas-e-ingenieria-posgrado-en-ingenieria-biomedica.html.

NO EXISTEN LAS PASTILLAS MILAGROSAS

Existen algunos fármacos que han mostrado algo de beneficio para potenciar las capacidades de personas con enfermedad de Alzheimer. Pero ¿existen fármacos que mejoren nuestra memoria o que ayuden a prevenir la aparición de deterioro? A lo largo de las últimas décadas, ha habido múltiples intentos de encontrar tratamientos para mejorar la memoria o prevenir su pérdida. Hoy en día también se anuncian y comercializan productos con este tipo de finalidad o parecida. ¿Tenemos evidencias de que sean efectivos? Los compuestos basados en vitaminas, como la vitamina B12, se basan en que el déficit de esta vitamina, así como del ácido fólico, es una causa potencial de deterioro de las capacidades de nuestro cerebro. De hecho, en toda persona con pérdida de memoria se recomienda realizar una analítica que descarte un déficit de estas vitaminas, ya que se trata de una causa tratable de deterioro cognitivo. Te preguntarás si tomar este tipo de suplementos vitamínicos pueda aportar algún beneficio para que aprendamos y recordemos mejor. Un estudio publicado el año 2018 por investigadores de la Universidad Gabriele d'Annunzio (Italia) no mostró un claro beneficio de ninguno de estos compuestos para prevenir el deterioro cognitivo, aunque algunos estudios mostraban un posible y leve efecto beneficioso para los compuestos antioxidantes. En definitiva, con datos científicos en la mano, la pastilla mágica para la memoria no se ha inventado todavía, en contra de lo que puedan decir algunos anuncios o prospectos.

A pesar de los grandes avances en las últimas décadas en el conocimiento sobre el funcionamiento de la memoria y las enfermedades que lo afectan, seguimos sin disponer de tratamientos para prevenir de forma eficaz el deterioro cognitivo asociado a enfermedades como el alzhéimer. Hasta que la ciencia no dé con el tratamiento (o, más probablemente, combinación de tratamientos) acertado, conviene no quedarse de brazos cruzados. No podemos modificar nuestra edad ni nuestros genes, pero seguimos teniendo un amplio margen para estimular nuestro cerebro: tomar una dieta sana como la mediterránea y evitar dulces y grasas, acudir al médico con regularidad para controlar los factores de riesgo cardiovascular, hacer ejercicio físico y mantener una vida social activa. Nuestro cerebro nos lo agradecerá y viviremos mejor.

BIBLIOGRAFÍA

ADDIS, D. R., WONG, A. T., y SCHACTER, D. L., «Remembering the past and imagining the future: common and distinct neural substrates during event construction and elaboration», *Neuropsychologia*, 45, n.º 7, 2007, págs. 1363-77.

ASAAD, W. F., RAINER, G., y MILLER, E. K., «Neural activity in the primate prefrontal cortex during associative learning», *Neuron*, 21, n.º 6, 1998, págs. 1399-407.

ASKELUND, A. D., SCHWEIZER, S., GOODYER, I. M., y VAN HARMELEN, A.-L., «Positive memory specificity is associated with reduced vulnerability to depression», *Nat Hum Behav*, 2019, doi: 10.1038/s41562-018-0504-3.

BAHAR-FUCHS, A., MARTYR, A., GOH, A. M., SABATES, J., y CLARE, L., «Cognitive training for people with mild to moderate dementia», *Cochrane Database Syst Rev*, 2019, 3:CD013069.

BALL, G. F., DE VRIES, G. J., BLAUSTEIN, J. D., MCCARTHY, M. M., y ARNOLD, A. P., «Sex Differences in the Brain: The Not So Inconvenient Truth», *J Neurosci*, 32, n.º 7, 2102, págs. 2241-7.

BALL, P., «Portrait of a molecule», *Nature*, 421, n.º 6921, 2003, págs. 421-2. http://www.nature.com/doifinder/10.1038/nature01404

BARGH, J. A., CHEN, M., y BURROWS, L., «Automaticity of social behavior: Direct effects of trait construct and stereotype activation on action», *J Pers Soc Psychol*, 71, n.º 2, 1996, págs. 230-44.

BAUER, P. J., «Constructing a past in infancy: a neuro-developmental account», *Trends Cogn Sci*, 10, n.º 4, 2006, págs. 175-81.

BLISS, T. V., y LOMO, T., «Long-lasting potentiation of synapticc transmission in the dentate area of the anaesthetized rabbit following stimulation fo the perforant path», *J Physiol*, 232, n.º 2, 1973, págs. 331-56.

BROWN, R., y KULIK, J., «Flashbulb memories», *Cognition*, 5, n.º 1, 1977, págs. 73-99.

CALLAWAY, E., «Flashes of light show how memories are made», *Nature*, 2014. http://www.nature.com/doifinder/10.1038/nature.2014.15330.

CANLI, T., ZHAO, Z., BREWER, J., GABRIELI, J. D. E., y CAHILL, L., «Event-Related Activation in the Human Amygdala Associates with Later Memory for Individual Emotional Experience», *J Neurosci*, 20, n.º 19, 2000, RC99.

CARLSON, N. R., *Physiology of Behaviour*, Pearson Education, Harlow, Reino Unido, 2017, 12.ª ed.

CHEN, Y., MCANALLY, H. M., y REESE, E., «Development in the Organization of Episodic Memories in Middle Childhood and Adolescence», *Front Behav Neurosci*, 7, 2013, págs. 1-9.

CHIU, H. L., CHU, H., TSAI, J. C., LIU, D., CHEN, Y. R., YANG, H. L., *et al.*, «The effect of cognitive-based training for the healthy older people: A meta-analysis of randomized controlled trials», *PLoS One*, 12, n.º 5, 2017, págs. 1-20.

CRAIK, F. I. M. y BIALYSTOK, E., «Cognition through the lifespan: mechanisms of change», *Trends Cogn Sci*, 10, n.º 3, 2006, págs. 131-8.

D'ESPOSITO, M. y POSTLE, B. R., «The Cognitive Neuroscience of Working Memory», *Annu Rev Psychol*, 66, n.º 1, 2015, págs. 115-42.

DAMASIO, A. y CARVALHO, G. B., «The nature of feelings: evolutionary and neurobiological origins», *Nat Rev Neurosci*, 14, n.º 2, 2013, págs. 143-52.

DE QUERVAIN, D., SCHWABE, L., y ROOZENDAAL, B., «Stress, glucocorticoids and memory: implications for treating fear-related disorders», *Nat Rev Neurosci*, 18, n.º 1, 2017, págs. 7-19.

DEFELIPE, J., «Brain plasticity and mental processes: Cajal again», *Nat Rev Neurosci*, 7, n.º 10, 2006, págs. 811-7.

DRAGANSKI, B., GASER, C., BUSCH, V., SCHUIERER G, BOGDAHN, U., y MAY, A., «Changes in grey matter induced by training», *Nature*, 427, 2004, págs. 311-2.

EICHENBAUM, H., «Still searching for the engram», *Learn Behav*, 44, n.º 3, 2016, págs. 209-22.

FANDAKOVA, Y., LINDENBERGER, U., y SHING, Y. L., «Episodic Memory Across the Lifespan: General Trajectories and Modifiers», en *The Wiley Handbook on the Cognitive Neuroscience of Memory*, Wiley-Blackwell, Hoboken, Nueva Jersey, 2015, págs. 309-25.

FIVUSH, R., «The Development of Autobiographical Memory», *Annu Rev Psychol*, 62, 2011, págs. 559-82.

FRANKLIN, K. A. y LINDBERG, E., «Obstructive sleep apnea is a common disorder in the population — a review on the epidemiology of sleep apnea», *J Thorac Dis*, 7, n.º 8, 2015, págs. 1311-22.

GALLO, D. A., «False memories and fantastic beliefs: 15 years of the DRM illusion», *Mem Cogn*, 38, n.º 7, 2010, págs. 833-48.

GATES, N. J., RUTJES, A. W., DI NISIO, M., KARIM, S., CHONG, L.-Y., MARCH, E., *et al.*, «Computerised cognitive training for maintaining cognitive function in cognitively healthy people in midlife», *Cochrane Database Syst Rev*, 2019. https://doi.org/10.1002/14651858.CD012278.pub2.

GRYSMAN, A., «Gender and gender typicality in autobiographical memory: A replication and extension», *Memory*, 26, n.º 2, 2018, págs. 238-50.

HARTSHORNE, J. K. y GERMINE, L. T., «When does cognitive functioning peak? The asynchronous rise and fall of different cognitive abilities across the life span», *Psychol Sci*, 26, n.º 4, 2015, págs. 433-43.

HASSELMO, M. E., «The role of acetylcholine in learning and memory», *Curr Opin Neurobiol*, 16, n.° 6, 2006, págs. 710-5.

HAYNE, H., «Infant memory development: Implications for childhood amnesia», *Dev Rev*, 24, n.° 1, 2004, págs. 33-73.

HEINDEL, W. C., SALMON, D. P, SHULTS, C. W., WALICKE, P. A., y BUTTERS, N., «Neuropsychological evidence for multiple implicit memory systems: a comparison of Alzheimer's, Huntington's and Parkinson's disease patients», *J Neurosci*, 9, n.° 2, 1989, págs. 582-7.

HERLITZ, A. y REHNMAN, J., «Sex differences in episodic memory», *Curr Dir Psychol Sci*, 17, n.° 1, de 2008, págs. 52-6.

HIRNSTEIN, M., HUGDAHL, K., y HAUSMANN, M., «Cognitive sex differences and hemispheric asymmetry: A critical review of 40 years of research», *Laterality*, 24, n.° 2, 2019, págs. 204-52.

HIRST, W., PHELPS, E. A., BUCKNER, R. L., BUDSON, A. E., CUC, A., GABRIELI, J. D. E., *et al.*, «Long-term memory for the terrorist attack of September 11: Flashbulb memories, event memories, and the factors that influence their tetention», *J Exp Psychol Gen*, 138, n.° 2, 2019, págs, 161-76.

HIRST, W., YAMASHIRO, J. K., y COMAN, A., «Collective Memory from a Psychological Perspective», *Trends Cogn Sci*, 22, n.° 5, 2018, págs. 438-51.

HOWE, M. L., GARNER, S. R., CHARLESWORTH, M., y KNOTT, L., «A brighter side to memory illusions: False memories prime children's and adults' insight-based problem solving», *J Exp Child Psychol*, 108, n.° 2, 2011, págs. 383-93.

HUNTLEY, J. D., GOULD, R. L., LIU, K., SMITH, M., y HOWARD, R. J., «Do cognitive interventions improve general cognition in dementia? A meta-analysis and meta-regression», *BMJ Open*, 5, n.° 4, 2015, págs. 1-12.

JOSSELYN, S. A., KÖHLER, S., y FRANKLAND, P. W., «Heroes of the Engram», *J Neurosci*, 37, n.° 18, 2017, págs. 4647-57.

JULIÃO, R., LO PRESTI, R., PERLER, D., y VAN DER EIJK, P., «Mapping Memory. Theories in Ancient, Medieval and Early Modern Philosophy and Medicine», *J Anc Stud*, 2016, págs. 678-702.

KANDEL, E. R., *et al.*, *Principles of neural science*, McGraw-Hill, Nueva York, 2012, 5.ª ed.

KENSINGER, E. A., «Remembering the Details: Effects of Emotion», *Emot Rev*, 1, n.º 2, 2009, págs. 99-113.

KÖHLER, C. A., CARVALHO, A. F., ALVES, G. S., MCINTYRE, R. S., HYPHANTIS, T. N., y CAMMAROTA, M., «Autobiographical Memory Disturbances in Depression: A Novel Therapeutic Target?», *Neural Plast*, 2015, 10.1155/2015/759139.

LAGE, C., WILES, K., SHERGILL, S. S., y TRACY, D. K., «A systematic review of the effects of low-frequency repetitive transcranial magnetic stimulation on cognition», *J Neural Transm (Vienna)*, 123, n.º 12, 2016, págs. 1479-90.

LARKINA, M., MERRILL, N. A., y BAUER, P. J., «Developmental changes in consistency of autobiographical memories: adolescents' and young adults' repeated recall of recent and distance events», *Memory*, 25, n.º 8, 2017, págs. 1036-51.

LEE, H. y THURET, S., «Adult Human Hippocampal Neurogenesis: Controversy and Evidence», *Trends Mol Med*, 24, n.º 6, 2018, págs. 521-2.

LEWIS, S., «Learning and Memory: I remember it well...», *Nat Rev Neurosci*, 18, n.º 3, 2017, pág. 128.

LIVINGSTON, G., SOMMERLAD, A., ORGETA, V., COSTAFREDA, S. G., HUNTLEY, J., AMES, D., *et al.*, «Dementia prevention, intervention, and care», *Lancet*, 390, n.º 10113, 2017, págs. 2673-734.

LOPRINZI, P. y FRITH, E., «The Role of Sex in Memory Function: Considerations and Recommendations in the Context of Exercise», *J Clin Med*, 7, n.º 6, 2018, doi: 10.3390/jcm7060132.

LUBER, B. y LISANBY, S. H., «Enhancement of human cognitive performance using transcranial magnetic stimulation (TMS)», *Neuroimage*, 85, parte 3, 2014, págs. 961-70.

MAGUIRE, E. A., GADIAN, D. G., JOHNSRUDE, I. S., GOOD, C. D., ASHBURNER, J., FRACKOWIAK, R. S. J., *et al.*, «Navigation-related structural change in the hippocampi of taxi drivers», *Proc Natl Acad Sci*, 2000, doi: 10.1073/pnas.070039597.

MANCUSO, L. E., ILIEVA, I. P., HAMILTON, R. H., y FARAH, M. J., «Does Transcranial Direct Current Stimulation Improve Healthy Working Memory?: A Meta-analytic Review», *J Cogn Neurosci*, 28, n.º 8, 2016, págs. 1063-89.

MANDER, B. A., WINER, J. R., JAGUST, W. J., y WALKER, M. P., «Sleep: A Novel Mechanistic Pathway, Biomarker, and Treatment Target in the Pathology of Alzheimer's Disease?», *Trends Neurosci*, 39, n.º 8, 2016, págs. 552-66.

MCGAUGH, J. L., «Making lasting memories: Remembering the significant», *Proc Natl Acad Sci*, 18, n.º 110 (suplemento 2), 2013, págs. 10402-7.

MCKENZIE, S. y EICHENBAUM, H., «Consolidation and Reconsolidation: Two Lives of Memories?», *Neuron*, 71, n.º 2, 2011, págs. 224-33.

MILLER, E. K. y COHEN, J. D., «An Integrative Theory of Prefrontal Cortex Function», *Annu Rev Neurosci*, 24, 2001, págs. 167-202.

MULLALLY, S. L. y MAGUIRE, E. A., «Memory, imagination, and predicting the future: A common brain mechanism?», *Neuroscientist*, 20, n.º 3, 2014, págs. 220-34.

MÜNTE, T. F., ALTENMÜLLER, E., y JÄNCKE, L., «The musician's brain as a model of neuroplasticity», *Nat Rev Neurosci*, 3, n.º 6, 2002, págs. 473-8.

NEBEL, R. A., AGGARWAL, N. T., BARNES, L. L., GALLAGHER, A., GOLDSTEIN, J. M., KANTARCI, K., *et al.*, «Understanding the impact of sex and gender in Alzheimer's disease: A call to action», *Alzheimer's Dement*, 14, n.º 9, 2018, págs. 1171-83.

NGANDU, T., LEHTISALO, J., LEVÄLAHTI, E., LAATIKAINEN, T., LINDSTRÖM, J., PELTONEN, M., *et al.*, «Recruitment and baseline characteristics of participants in the finnish geriatric intervention study to prevent cognitive impairment and disability (FINGER) — A randomized controlled lifestyle trial», *Int J Environ Res Public Health*, 11, n.º 9, 2014, págs. 9345-60.

OHAYON, M. M., «Epidemiological Overview of sleep Disorders in the General Population», *Sleep Med Res*, 2, n.º 1, 2011, págs. 1-9.

PACKARD, M. G, HIRSH, R., y WHITE, N. M., «Differential effects of fornix and caudate nucleus lesions on two radial maze tasks: evidence for multiple memory systems», *J Neurosci*, 9, n.º 5, 1989, págs. 1465-72.

PATTERSON, K., NESTOR, P. J., y ROGERS, T. T., «Where do you know what you know? The representation of semantic knowledge in the human brain», *Nat Rev Neurosci*, 8, n.º 12, 2007, págs. 976-87.

RASCH, B. y BORN, J., «About Sleep's Role in Memory», *Physiol Rev*, 2013, 93, n.º 2, págs. 681-766.

RAUSCHER, F. H., SHAW, G. L., y KY, C. N., «Music and spatial task performance», *Nature*, 365, n.º 6447, 1993, pág. 611.

RILEY, K. P., SNOWDON, D. A., DESROSIERS, M. F., y MARKESBERY, W. R., «Early life linguistic ability, late life cognitive function, and neuropathology: Findings from the Nun Study», *Neurobiol Aging*, 26, n.º 3, 2005, págs. 341-7.

RISSMAN, J. y WAGNER, A. D., «Distributed Representations in Memory: Insights from Functional Brain Imaging», *Annu Rev Psychol*, 63, 2012, págs. 101-28.

ROBERTSON, I. H., «The stress test: Can stress ever be beneficial?», *J Br Acad*, 5, 2017, págs. 163-176.

ROBINSON, O. J., VYTAL, K., CORNWELL, B. R., y GRILLON, C., «The impact of anxiety upon cognition: perspectives from human threat of shock studies», *Front Hum Neurosci*, 7, 2013, artículo 69, págs. 1-21.

ROGERS, L. J., «Asymmetry of brain and behavior in animals: Its development, function, and human relevance», *Genesis*, 52, n.º 6, 2014, págs. 555-71.

RUTJES, A. W. S., DENTON, D. A., DI NISIO, M., CHONG, L. Y., ABRAHAM, R. P., AL-ASSAF, A. S., *et al.*, «Vitamin and mineral supplementation for maintaining cognitive function in cognitively healthy people in mid and late life», *Cochrane Database of Syst Rev*, 2018, doi: 10.1002/14651858.CD011906.pub2.

SCHACTER, D. L., «Memory: Sins and virtues», *Ann N Y Acad Sci*, 1303, n.º 1, 2013, págs. 56-60.

— «Understanding implicit memory. A cognitive neuroscience approach», *Am Psychol*, 47, n.º 4, 1992, págs. 559-69.

SCHACTER, D. L., ADDIS, D. R., HASSABIS, D., MARTIN, V. C., SPRENG, R. N., y SZPUNAR, K. K., «The Future of Memory: Remembering, Imagining, and the Brain», *Neuron*, 76, n.º 4, 2012, págs. 677-94.

SCHACTER, D. L., GUERIN, S. A., y ST. JACQUES, P. L., «Memory distortion: an adaptive perspective», *Trends Cogn Sci*, 15, n.º 10, 2011, págs. 467-74.

SHAROT, T., MARTORELLA, E. A., DELGADO, M. R., y PHELPS, E. A., «How personal experience modulates the neural circuitry of memories of September 11», *Proc Natl Acad Sci*, 104, n.º 1, 2007, págs. 398-394.

SNOWDON, D. A. y NUN STUDY, «Healthy aging and dementia: findings from the Nun Study», *Ann Intern Med*, 139, n.º 5, parte 2, 2003, págs. 450-4.

SPINNEY, L., «How Facebook, fake news and friends are warping your memory», *Nature*, 543, n.º 7644, 2017, págs. 168-70.

SQUIRE, L. R., «Mechanisms of memory», *Science*, 232, n.º 4758, 1986, págs. 1612-9.

— «Memory systems of the brain: A brief history and current perspective», *Neurobiol Learn Mem*, 82, n.º 3, 2004, págs. 171-7.

— «The Legacy of Patient H.M. for Neuroscience», *Neuron*, 2009, 61, n.º1, págs. 6-9.

SQUIRE, L. R. y DEDE, A. J. O., «Conscious and Unconscious Memory Systems», *Cold Spring Harb Perspect Biol*, 7, n.º 3, 2015, a021667.

SUDDENDORF, T., «Foresight and evolution of the human mind», *Science*, 312, n.º 5776, 2006, págs. 1006-1007.

SZPUNAR, K. K., WATSON, J. M., y MCDERMOTT, K. B., «Neural substrates of envisioning the future», *Proc Natl Acad Sci*, 104, n.º 2, 2007, págs. 642-647.

THOMPSON, R. F. y STEINMETZ, J. E., «The role of the cerebellum in classical conditioning of discrete behavioral responses», *Neuroscience*, 162, n.º 3, 2009, págs. 732-55.

TONEGAWA, S., MORRISSEY, M. D., y KITAMURA, T., «The role of engram cells in the systems consolidation of memory», *Nat Rev Neurosci*, 19, n.º 8, 2018, págs. 485-98.

TULVING, E., «Episodic memory: from mind to brain», *Annu Rev Psychol*, 53, 2002, págs. 1-25.

WALKER, M. P. y STICKGOLD, R., «Sleep, Memory, and Plasticity», *Annu Rev Psychol*, 57, 2006, págs. 139-66.

WHITWORTH, B. y HOKYOUNG, R., «A Comparison of Human and Computer Information Processing», *Encycl Multimed Technol Networking*, Information Science Reference, 2009, vol. I, A-Ev, 2.ª ed.

WILLIS, S. L., TENNSTEDT, S. L., MARSISKE, M., BALL, K., ELIAS, J., KOEPKE, K. M., *et al.*, «Long-term Effects of Cognitive Training on Everyday Functional Outcomes in Older Adults», *JAMA*, 296, n.º 23, 2006, pág. 2805.

YOUNG, K. D., BELLGOWAN, P. S. F., BODURKA, J., y DREVETS, W. C., «Functional neuroimaging of sex differences in autobiographical memory recall», *Hum Brain Mapp*, 34, n.º 12, 2013, págs. 3320-32.

ZAGNI, E., SIMONI, L., y COLOMBO, D., «Sex and Gender Differences in Central Nervous System-Related Disorders», *Neurosci J*, 2016.